Babatunde Afolabi
Laoye Awoniyi
Raphael Ayeni

O nexo entre a dívida externa e o crescimento económico na Nigéria.

Babatunde Afolabi
Laoye Awoniyi
Raphael Ayeni

O nexo entre a dívida externa e o crescimento económico na Nigéria.

ScienciaScripts

Imprint

Any brand names and product names mentioned in this book are subject to trademark, brand or patent protection and are trademarks or registered trademarks of their respective holders. The use of brand names, product names, common names, trade names, product descriptions etc. even without a particular marking in this work is in no way to be construed to mean that such names may be regarded as unrestricted in respect of trademark and brand protection legislation and could thus be used by anyone.

Cover image: www.ingimage.com

This book is a translation from the original published under ISBN 978-620-2-07276-2.

Publisher:
Sciencia Scripts
is a trademark of
Dodo Books Indian Ocean Ltd. and OmniScriptum S.R.L publishing group

120 High Road, East Finchley, London, N2 9ED, United Kingdom
Str. Armeneasca 28/1, office 1, Chisinau MD-2012, Republic of Moldova, Europe
Printed at: see last page
ISBN: 978-620-7-78827-9

ÍNDICE DE CONTEÚDO

CAPÍTULO 1. INTRODUÇÃO

O historial da dívida externa da Nigéria remonta a 1958, quando foram contraídos 28 milhões de dólares americanos junto do Banco Mundial para a construção de vias férreas. O peso do serviço da dívida da Nigéria remonta a 1978, após uma queda dos preços mundiais do petróleo. No entanto, devido à queda dos preços do petróleo em 1978, que teve uma influência negativa nas receitas do governo federal, tornou-se inevitável contrair empréstimos para corrigir as dificuldades da balança de pagamentos e financiar projectos. A onda de empréstimos aumentou depois disso, com a entrada dos governos estaduais em obrigações contratuais de empréstimos externos. Em 1986, a Nigéria teve de adotar um programa de ajustamento estrutural (PAE) patrocinado pelo Banco Mundial/Fundo Monetário Internacional (FMI), com o objetivo de renovar a economia e tornar o país mais capaz de pagar o serviço da dívida (Ayadi e Ayadi, 2008; Sulaiman e Azeez, 2012). Desde a introdução deste programa, os nigerianos têm sido mergulhados em dificuldades sucessivas, que vão desde a desvalorização da naira através do Second Tie Foreign Exchange Market (SFEM), atualmente Foreign Exchange Market (FEM), ao aumento dos preços dos produtos de base, à inflação, etc. O PAE, enquanto programa de reestruturação económica, é capaz de aliviar a armadilha da dívida do país, um milagre que os nigerianos estão à espera de ver. De acordo com Omotoye, Sharma, Ngassam e Eseonu (2006), a Nigéria é um dos maiores países devedores da África Subsariana. A Nigéria registou um aumento do perfil da dívida externa de 9 mil milhões de dólares em 1980 para 19 mil milhões de dólares em 1985 (CBN, 1991). Entre 1985 e 2001, o pagamento do serviço da dívida ascendeu a 32 mil milhões de dólares (DMO, 2005).

De acordo com Okonjo-Iweala (2003), o efeito acumulado da dívida na data de vencimento começou a produzir algumas tensões graves nos índices macroeconómicos do país. Por exemplo, a naira foi desvalorizada, as reservas e as receitas do país começaram a desvalorizar-se, enquanto a inflação e o desemprego aumentavam rapidamente. Estas crises da dívida da Nigéria coincidiram, felizmente, com a altura em que o FMI e o Banco Mundial estavam a conceder alívio da dívida a alguns países pobres altamente endividados do mundo. A Iniciativa para o Alívio da Dívida Multilateral (MDRI) e a Iniciativa para os Países Pobres Altamente Endividados (HIPC) foram lançadas pelo FMI e pelo Banco Mundial em 1996 e 1999, respetivamente. O objetivo era reduzir a dívida externa dos países pobres gravemente endividados para um nível sustentável, a fim de aumentar o investimento e o crescimento económico. No entanto, não consideraram a Nigéria como um país pobre devido ao seu depósito de petróleo e ao elevado preço do petróleo. A iniciativa PPAE introduziu alguns princípios orientadores relativamente à elegibilidade do país para a redução da dívida.

O crescimento económico sustentável é uma das principais preocupações de qualquer nação soberana, sobretudo dos países menos desenvolvidos (PMD), que se caracterizam por uma baixa formação de capital devido ao baixo nível de poupança e investimento internos (Adepoju, Salau e Obayelu, 2007). O investimento garante um crescimento económico estável através da criação de emprego, do avanço tecnológico, do aumento da procura agregada e do aumento do capital humano, etc. No entanto, os recursos internos ficam por vezes aquém do nível de investimento necessário para alcançar o crescimento desejado.

Devido à escassez de recursos e às vantagens comparativas, os países dependem uns dos outros para promover o crescimento económico e alcançar um desenvolvimento económico sustentável. A necessidade constante de os governos contraírem empréstimos para financiar o défice orçamental levou à criação de dívida externa (Osinubi e Olaleru, 2006). Soludo (2003) afirmou que os países contraem empréstimos por duas grandes razões: razões macroeconómicas, que consistem em financiar um nível mais elevado de consumo e de investimento, ou em financiar o défice transitório da balança de pagamentos e evitar as restrições orçamentais, a fim de promover o crescimento económico e reduzir a pobreza. Basicamente, por estas razões, muitos países em desenvolvimento que visam o crescimento económico recorrem ao financiamento externo para colmatar o fosso entre as suas poupanças e o seu investimento. É também de opinião que, uma vez que o stock inicial de dívida atinja um determinado limiar, o serviço da dívida torna-se um fardo e os países encontram-se no lado errado da incapacidade de servir a dívida, o que levará à exclusão do investimento e do crescimento.

Pode dizer-se que a dívida externa é a parte da dívida de um país que foi contraída junto de credores estrangeiros, incluindo bancos comerciais, governos ou instituições financeiras internacionais. (Arnone, Bandiera &Presbitero, 2005; Ajayi &Khan, 2000). A dívida externa refere-se à parte não paga de fontes financeiras externas necessárias para fins de desenvolvimento e apoio à balança de pagamentos que não puderam ser reembolsadas quando venceram. As dívidas externas são contraídas pelo governo através de empréstimos no mercado internacional, no Fundo Monetário Internacional (FMI), no Banco Mundial, etc. A dívida externa é contraída não só para financiar défices, mas também para colocar a economia nos pedais do ciclo de crescimento. Muhammad e Fayyaz (2015) opinaram que as dívidas externas afectam a economia de ambas as formas, explicando que, se a utilização eficiente das dívidas externas pode trazer prosperidade económica a uma nação, a sua utilização ineficiente também pode causar danos graves. Essencialmente, o que mais importa não é o montante dos empréstimos externos, mas a forma como os empréstimos são utilizados no processo de desenvolvimento da economia. No entanto, se estes empréstimos forem utilizados para o consumo corrente, terão menos impacto no crescimento económico futuro, mas se forem investidos racionalmente em sectores produtivos da economia, contribuirão positivamente para o crescimento real e aumentarão a capacidade produtiva da economia.

De acordo com o Gabinete de Gestão da Dívida (DMO), o perfil do stock da dívida externa da Nigéria era de 9,4 mil milhões de dólares a 31 de março de 2015, o que representa uma diminuição de cerca de 300 milhões de dólares em relação aos 9,7 mil milhões de dólares que o país devia a 31 de dezembro de 2014. A repartição mostra que o montante mais elevado é devido ao Grupo do Banco Mundial, com 5,6 mil milhões de dólares devidos à Associação Internacional de Desenvolvimento e 89,4 milhões de dólares devidos ao Fundo Internacional para o Desenvolvimento Agrícola. O relatório indica ainda que a Nigéria deve ao Banco Africano de Desenvolvimento (FAD), uma dívida contraída através do Grupo BAD. A Nigéria também deve 4,4 milhões de dólares ao Banco Árabe de Desenvolvimento Económico para África, enquanto as suas dívidas ao Fundo Europeu de Desenvolvimento e ao Banco Islâmico de Desenvolvimento são de 75,1 milhões de dólares e 19,6 milhões de dólares, respetivamente. Além disso, o endividamento do país através de acordos bilaterais com o Banco Exim da China e a Agência Francesa de Desenvolvimento é de 1,2 mil milhões de dólares e 140,2 milhões de dólares, e o stock da dívida externa da Nigéria através da emissão de euro-obrigações pelos governos é de 1,5 mil milhões de dólares. De acordo com Suleiman e Azeez (2012), o efeito resultante de uma grande acumulação de dívida expõe a nação a um elevado peso da dívida e o seu serviço constitui uma grande ameaça para o crescimento do país.

O objetivo do livro é investigar empiricamente a relação entre a dívida externa e o crescimento económico na Nigéria. E também examinar se existe uma relação de longo prazo entre a dívida externa e o crescimento económico na Nigéria. A parte restante está dividida em três partes: Revisão da literatura e enquadramento teórico, Metodologia e Conclusões e Recomendações.

CAPÍTULO 2. Revisão da literatura e enquadramento teórico

2.1 Nigéria: Contexto económico geral

Um estudo sobre os aspectos macroeconómicos da dívida na Nigéria não está completo sem uma discussão preliminar sobre a estrutura da economia nigeriana e a sua história política. Os problemas actuais da Nigéria, incluindo a acumulação da dívida, não podem ser dissociados dos defeitos estruturais inerentes à economia após a independência em 1960, e da economia política do desenvolvimento desde a independência. Aquando da independência, em 1960, a Nigéria estava fortemente dependente da agricultura como base da sua economia. Pouco depois da independência da Nigéria, o sector agrícola e o sector agroalimentar contribuíram com cerca de 64% para o produto interno bruto (PIB), mas a contribuição do sector diminuiu sistematicamente até atingir o mínimo histórico de cerca de 17% em 1982.

O petróleo nigeriano entrou vigorosamente na cena económica em 1970, quando a Nigéria se tornou membro das nações produtoras de petróleo. A partir daí, o petróleo tornou-se o elemento catalisador do processo de crescimento da Nigéria. A Nigéria beneficiou imenso dos fortes aumentos de preços registados em 1973/1974 e novamente em 1979/1980. Em 1976, o petróleo tinha-se tornado a principal fonte de receitas do Estado e a principal fonte de divisas, com mais de 80% em ambos os casos.

Estas receitas constituíram a base para um aumento significativo das despesas públicas destinadas a expandir as infra-estruturas e a melhorar a capacidade produtiva não petrolífera. Com efeito, as elevadas receitas petrolíferas "não só forneceram ao governo recursos financeiros para empreender novos programas e projectos e para expandir o programa petrolífero, como também afectaram as próprias instituições que deviam definir as políticas e a natureza da centralização da autoridade e da tomada de decisões na Nigéria (Bienen, 1983). As pressões sobre as despesas foram exercidas de todos os lados. A criação de mais estados na federação levou a mais despesas em infra-estruturas, etc. Apesar das despesas em projectos-chave, alguns projectos foram empreendidos sem que fosse prestada atenção suficiente à sua viabilidade económica ou à capacidade executiva do governo. Um fator importante na história de sucesso (ou fracasso) é o aumento das despesas públicas, especialmente na construção e nos serviços urbanos, que foi acompanhado por aumentos de preços e salários que reduziram drasticamente os incentivos aos produtores no sector não petrolífero. A negligência da agricultura, em primeiro lugar, associada à valorização da naira, teve como consequência a diminuição das exportações agrícolas. As importações tornaram-se relativamente mais baratas no mercado interno devido à tentativa do governo de conter a inflação. A Nigéria tornou-se um grande importador de alimentos e a sua dependência do petróleo conferiu-lhe o carácter de uma economia monoproduto.

Uma das características da economia durante o período do boom petrolífero da década de 1970 foi o seu elevado grau de abertura. A economia tornou-se altamente dependente do sector externo na sua estratégia de desenvolvimento da indústria transformadora. Consequentemente, as tecnologias de capital intensivo e as indústrias de montagem dependentes de factores de produção importados estavam na ordem do dia e a Nigéria tinha um rácio PIB elevado. Com efeito, a necessidade de proteger um determinado nível de disponibilidade de bens de consumo tornou-se tão generalizada que era difícil reduzir as despesas neste domínio. Durante a maior parte da década de 1970, as despesas orçamentais foram superiores ao rápido aumento das receitas do petróleo. Em 1978, registou-se uma quebra no mercado do petróleo. Este facto precipitou a recessão económica da Nigéria, apesar de o perigo de manter uma economia monoproduto baseada na exportação de recursos esgotáveis ter sido evidente anteriormente. O relançamento do mercado petrolífero no período 1979/1980 foi uma garantia de que nem tudo estava perdido. No entanto, o espaço de manobra proporcionado acabou por ser de muito curta duração (Ajayi, 1986).

Após treze anos de regime militar, o regime civil entrou na cena política da Nigéria em 1979. O mercado do petróleo enfraqueceu na década de 1980, provocando uma redução das receitas de exportação da Nigéria. Mas, com o novo sistema constitucional e a intensificação de uma política macroeconómica inadequada (mais o sistema de proteção pautal e o sistema de licenças de importação), que resultou numa maior valorização da naira, tornou-se inevitável contrair grandes empréstimos externos, depois de as reservas de divisas terem sido substancialmente reduzidas. O grande endividamento externo do final da década de 1970 foi continuado. Entre 1978 e 1983, registou-se um aumento substancial dos empréstimos externos.

O governo nigeriano recorreu a medidas de austeridade em 1982 e 1983, baseando-se fortemente em controlos e regulamentos em vez de corrigir as distorções estruturais, o que agravou a situação. Com um novo governo no poder em 1985, as políticas mudam no sentido de combinar austeridade com ajustamento. Entre 1985 e 1986, registou-se uma escalada do endividamento externo de cerca de 20%. O ano de 1985 foi crucial não só devido ao mal-estar económico que afligia a economia e à urgência de ajustamento, mas também devido ao debate nacional em torno da aceitação do empréstimo do FMI. A queda drástica dos preços do petróleo em 1986 aumentou a urgência da reforma e a Nigéria pôs em prática um programa de ajustamento estrutural em julho de 1986.

A necessidade de contrair empréstimos públicos decorre do importante papel do capital no processo de desenvolvimento de qualquer nação, uma vez que a acumulação de capital melhora a produtividade, o que, por sua vez, aumenta o crescimento económico. Soludo (2003) era da opinião de que os países contraem empréstimos por duas razões principais. Em primeiro lugar, a intenção macroeconómica de aumentar o investimento e o desenvolvimento do capital humano, enquanto a segunda é reduzir as restrições orçamentais através do financiamento de défices fiscais e da balança de pagamentos. Para além disso, (Obadan e Uga, 2007) afirmaram que os países, especialmente os menos desenvolvidos, contraem empréstimos para aumentar a formação de capital e o investimento, que anteriormente estavam limitados pelo baixo nível de poupança interna. Em última análise, a maioria dos países contrai empréstimos por duas razões principais, que são colmatar o fosso "poupança-investimento" e o "fosso cambial". A análise do duplo défice justifica a necessidade de empréstimos externos como uma tentativa de colmatar o défice de poupança-investimento de uma nação. Para que o desenvolvimento tenha lugar, é necessário um nível de investimento que é função da poupança interna e o nível de poupança interna não é suficiente para garantir que o desenvolvimento tenha lugar (Oloyede, 2002). Outra premissa fundamental para a contração de empréstimos no estrangeiro é também o preenchimento do défice de divisas (importações-exportações). Para muitos países em desenvolvimento, como a Nigéria, o défice constante da balança de pagamentos não tem permitido a entrada de capitais susceptíveis de provocar crescimento e desenvolvimento. Dado o facto de as receitas em divisas necessárias para financiar este investimento serem insuficientes, a contração de empréstimos externos pode ser o único meio de obter acesso aos recursos necessários para alcançar um crescimento económico rápido.

Muitos estudos empíricos investigaram o efeito da dívida externa sobre o crescimento económico, alguns dos quais acabaram por revelar um impacto negativo sobre o crescimento económico, enquanto outros não encontraram qualquer relação significativa entre o crescimento económico e a dívida externa. A maioria destes estudos utilizou o PIB real e a taxa de crescimento do PIB como variáveis dependentes e tentou explorar o impacto direto da dívida externa no PIB per capita, no padrão de consumo a longo prazo e na formação de capital. No entanto, as conclusões destes estudos são díspares, pelo que, neste cenário, é difícil dizer se a dívida externa tem um impacto positivo, negativo ou significativo no crescimento económico.

Num estudo de Adesola (2009), investigou-se empiricamente o efeito das práticas de pagamento do serviço da dívida externa no crescimento económico da Nigéria. Utilizou-se o método dos mínimos quadrados ordinários de multipleregressões para examinar a relação entre o pagamento da dívida a credores financeiros multilaterais, credores do Clube de Paris, credores do Clube de Londres, detentores de notas promissórias e outros credores e o Produto Interno Bruto (PIB) e a Formação Bruta de Capital Fixo (FBCF), utilizando dados de 1981 a 2004. O estudo fornece provas de que o pagamento da dívida aos credores do Clube de Paris e aos detentores de notas promissórias está positivamente relacionado com o PIB e a FBCF, enquanto o pagamento da dívida aos credores do Clube de Londres e aos outros credores apresenta uma relação negativa significativa com o PIB e a FBCF.

Adepoju, Salau, Obayelu (2007) analisaram os efeitos da gestão da dívida externa no crescimento económico da Nigéria durante um período de 1962 a 2006, utilizando dados de séries cronológicas dos vários acordos bilaterais e multilaterais. Concluíram que a acumulação da dívida externa afectou negativamente o crescimento económico da Nigéria.

O estudo empírico de Amaeteng, Amoako e Adu (2002) declarou que existe uma relação causal unidirecional e positiva entre o serviço da dívida externa e o crescimento do PIB, depois de excluído o crescimento das receitas das exportações para os países de África e do Sul do Sara durante o período de 19831990. Estas pessoas argumentaram que o endividamento tem impacto na atividade económica dos países em desenvolvimento. Acredita-se que se os empréstimos estrangeiros forem convertidos em capital e noutros factores de produção necessários, o desenvolvimento ocorrerá. Por outro lado, se os países devedores os desviarem para o consumo, o desenvolvimento económico será afetado negativamente.

Fosu (1990) utilizou uma função de produção aumentada para investigar o impacto da dívida externa no desenvolvimento económico na África Subsariana para os períodos 1980-1990. O estudo revelou que existe uma relação negativa entre a dívida e o desenvolvimento económico. O estudo mostra também que o impacto negativo da dívida nos níveis de investimento é bastante fraco.

Além disso, Faraji e Makame (2013) investigam o impacto da dívida externa no crescimento económico da Tanzânia, utilizando séries cronológicas de dados sobre a dívida externa e o desempenho económico que abrangem o período de 1990-2010. Observou-se, através do teste de co-integração de Johansen, que não existe uma relação de longo prazo entre a dívida externa e o PIB. No entanto, as conclusões mostram que a dívida externa e o serviço da dívida têm ambos um impacto significativo no crescimento do PIB, com o stock total da dívida externa a ter um efeito positivo de cerca de 0,36939 e o pagamento do serviço da dívida a ter um efeito negativo de 28,517. O estudo também identificou a necessidade de mais investigação sobre o impacto da dívida externa nos investimentos directos estrangeiros (IDE) e nas receitas internas.

Safdari e Mehrizi (2011) analisaram a dívida externa e o crescimento económico no Irão, observando o equilíbrio e as relações a longo prazo em cinco variáveis-chave da dívida externa e das importações, PIB, investimento privado e investimento público. Utilizaram dados de séries cronológicas para o período de 1974-2007 e a técnica de estimação do modelo auto regressivo vetorial (VAR). As suas conclusões revelaram que a dívida externa tem um efeito negativo no PIB e no investimento privado e que o investimento público tem uma relação positiva com o investimento privado.

Do mesmo modo, Colaco (1985) explica a vulnerabilidade do serviço da dívida nos países em desenvolvimento utilizando três contextos. O primeiro é quando a dimensão dos empréstimos externos atingiu um nível muito superior ao financiamento do capital próprio, causando um desequilíbrio entre a dívida e o capital próprio. Em segundo lugar, a proporção da dívida a taxas de juro variáveis aumentou drasticamente, pelo que os mutuários são diretamente afectados quando as taxas de juro sobem. Em terceiro lugar, os prazos de vencimento foram reduzidos devido à diminuição da quota-parte dos fluxos oficiais.

Mehran (1986) argumenta que uma gestão adequada da dívida é essencial num ambiente financeiro cada vez mais complexo. Identificou como componentes críticos da gestão da dívida a coordenação de políticas, o ambiente regulamentar, a contabilidade e a análise estatística. O acima mencionado é verdadeiro, uma vez que a eficácia das medidas para atingir um nível equilibrado de dívida que apoie o desenvolvimento depende da adoção de um ajustamento fiscal e de reformas estruturais por parte da nação devedora. Outras características são a transparência e as políticas anticorrupção, a criação e/ou a melhoria das estruturas de gestão da dívida e os processos de tomada de decisões, entre outros.

Ajayi e Khan (2002) explicam que o endividamento externo sustentável é medido utilizando vários rácios como a dívida em relação às exportações, o serviço da dívida em relação às exportações, a dívida em relação ao PIB (ou PNB) e a dívida externa em relação ao rendimento nacional bruto, entre outros. No entanto, a determinação do nível sustentável destes rácios é indeterminável e a sua utilidade reduz-se a um aviso de um potencial crescimento explosivo do stock da dívida externa. Por exemplo, se a aquisição de dívida externa adicional aumenta o peso do serviço da dívida mais do que aumenta a capacidade do país para suportar esse peso, essa aquisição torna-se indesejável e a situação deve ser invertida através da expansão das exportações. Se as exportações não aumentarem, será necessário contrair mais empréstimos para o serviço da dívida e a dívida externa acumular-se-á acima da capacidade do país para a suportar.

Ao analisar as consequências da dívida no crescimento económico, Edo (2002) analisou o problema da dívida externa africana com referência à Nigéria e a Marrocos. Concluiu que a dívida externa afectou gravemente o investimento. Outras conclusões incluem o facto de as despesas fiscais, a balança de pagamentos e as taxas de juro globais serem os principais factores que explicam a acumulação da dívida nos países estudados. Por conseguinte, o autor sugere medidas que poderiam atenuar os problemas acima referidos (privatização, programa sustentado de promoção das exportações e reestruturação e desenvolvimento dos mercados de capitais, entre outros).

O peso da dívida de um país e o consequente serviço da dívida impõem um constrangimento à economia em termos de insuficiência de divisas para financiar a importação de matérias-primas e bens de capital necessários ao crescimento económico. Perasso (1992), utilizando dados de vinte países de rendimento médio gravemente endividados para os períodos de 1982-1989, investigou a relação entre o desenvolvimento económico e a dívida externa. O estudo mostra que as políticas internas adequadas têm um impacto mais forte no aumento do investimento e do desenvolvimento em países altamente endividados do que na diminuição da obrigação de serviço da dívida.

Cohen (1993) investigou a relação entre a dívida externa e o investimento dos países em desenvolvimento na década de 1980. O estudo mostrou que o efeito do nível do stock da dívida no investimento é reduzido. O autor argumentou que um fluxo efetivo de transferências líquidas afecta o investimento. O estudo revela ainda que o serviço efetivo da dívida "exclui" o investimento.

Entre todos estes estudos pioneiros, Cunningham (1993) investigou a relação entre o peso da dívida e o desenvolvimento económico para dezasseis países no período de 1971-2004. O estudo mostra que o crescimento do peso da dívida de um país tem um efeito negativo no desenvolvimento económico. Argumentou também que, quando um país é significativamente dependente de estrangeiros, isso afecta negativamente a produtividade do trabalho e do capital.

Fosu (1990) utilizou uma função de produção aumentada para investigar o impacto da dívida externa no desenvolvimento económico na África Subsariana para os períodos 1980-1990. O estudo revela que existe uma relação negativa entre a dívida e o desenvolvimento económico. O estudo mostra também que o impacto negativo da dívida nos níveis de investimento é bastante fraco. Posteriormente, Abdelmanla e Mohamed (2005) investigaram o impacto da dívida externa no desenvolvimento económico do Sudão durante o período de 1978-2001. O estudo revela que a dívida externa e a inflação afectaram negativamente o desempenho económico do país.

A investigação de Ajayi e Oke (2012) sobre o efeito do peso da dívida externa no crescimento económico e no desenvolvimento da Nigéria, utilizando a análise de regressão OLS, mostrou que o peso da dívida externa tinha um efeito adverso no rendimento nacional e no rendimento per capita da nação. Observaram que a magnitude da dívida externa pendente exerceu pressão sobre a economia desde a eclosão da crise petrolífera em 1981 devido à rápida acumulação de atrasos comerciais a partir de 1982. O problema da dívida deveu-se à queda dos preços do petróleo bruto, ao colapso dos preços dos produtos de base e ao abrandamento prolongado do mercado mundial desde 1981, com o consequente declínio das receitas em divisas e pressão sobre a balança de pagamentos.

Sulaiman e Azeez (2012) examinam o efeito da dívida externa no crescimento económico da Nigéria utilizando técnicas econométricas de Mínimos Quadrados Ordinários (MQO); concluíram que a dívida externa contribuiu positivamente para a economia nigeriana. Oke e Sulaiman (2012) examinam igualmente o impacto da dívida externa no nível de crescimento económico e no volume de investimento na Nigéria e concluem que o atual rácio da dívida externa em relação ao PIB estimula o crescimento a curto prazo, mas o investimento privado, que é uma medida de desenvolvimento real e tangível, revela um declínio.

No entanto, Ezeabasili *et al* (2011) investigam a relação entre a dívida externa da Nigéria e o crescimento económico entre 1975 e 2006, aplicando análises econométricas. O resultado das estimativas de correção de erros revelou que a dívida externa tem uma relação negativa com o crescimento económico na Nigéria. O estudo opinou que, dada a capacidade de absorção da Nigéria, considerações como o baixo rácio dívida/PIB e o baixo rácio serviço da dívida/capacidade do PIB devem orientar as futuras negociações sobre a dívida. Ojo (1996) afirma que não é exagero afirmar que a enorme dívida externa da Nigéria é um dos nós difíceis do Programa de Ajustamento Estrutural introduzido em 1986 para colocar a economia de novo numa trajetória sustentável de recuperação. O corolário desta afirmação é que, se ao menos o nível mais elevado do pagamento do serviço da dívida pudesse ser reduzido significativamente, a Nigéria estaria em condições de financiar um maior volume de investimento interno, o que reforçaria o crescimento e o desenvolvimento. Mas, na maior parte das vezes, um devedor tem apenas uma margem limitada para gerir com vantagem uma crise da dívida.

Suliman *et al* (2012) realizaram um estudo sobre o efeito da dívida externa no crescimento económico da Nigéria. Foram utilizados dados de séries cronológicas anuais que abrangem o período de 1970-2010. A análise empírica foi realizada utilizando técnicas econométricas de mínimos quadrados ordinários (OLS), teste de raiz unitária Dickey-Fuller aumentado, teste de co-integração de Johansen e método de correção de erros. O teste de co-integração mostra uma relação de longo prazo entre as variáveis e os resultados do modelo de correção de erros revelaram que a dívida externa contribuiu positivamente para o crescimento da economia da Nigéria. Além disso, o estudo recomenda que os nigerianos assegurem a estabilidade política e económica de modo a garantir uma gestão eficaz da dívida.

Ndung'u (1998) afirma que o problema da dívida externa em África conduziu a uma pausa no investimento e reduziu o desempenho do crescimento. Substancialmente, Audu (2004) concluiu que o serviço da dívida teve um efeito adverso significativo no processo de crescimento na Nigéria. O estudo de Borensztein (1991) concluiu, relativamente às Filipinas, que o excesso de dívida teve um efeito adverso no investimento privado. Além disso, Osinubi, Dauda e Olaleru (2006) confirmaram a existência de um efeito de Laffer da dívida e de um efeito não linear da dívida externa no crescimento económico da Nigéria. Assim, os países altamente endividados da África Subsariana precisam de desenvolver estratégias criativas para reduzir a dívida, de modo a que o elevado volume de dívida e o esmagador serviço da dívida que lhe está associado não tenham um impacto demasiado negativo no crescimento económico.

Pottillo, *et.al* (2001) utilizaram um conjunto de dados relativos a 93 países em desenvolvimento para o período 1968-1998 e concluíram que o impacto médio da dívida no crescimento económico se torna negativo quando a dívida se situa em cerca de 160-170% dos rendimentos das exportações ou 35-

40% do produto interno bruto. Sublinharam ainda que o impacto marginal da dívida começa a tornar-se negativo a cerca de metade destes valores, o que significa que uma dívida elevada reduz o crescimento económico principalmente através da diminuição da eficiência do investimento e não do seu volume. Isto implica que o efeito negativo funciona através da diminuição da produtividade total dos factores e não através da redução da contribuição do capital.

Chawdhury (2001) investigou a relação entre o endividamento e o crescimento económico utilizando o modelo vetorial autoregressivo (VAR). Os resultados mostram que o serviço da dívida, em percentagem das receitas de exportação ou do PIB, afecta negativamente a taxa de crescimento do PIB per capita. Este efeito é igualmente importante e estatisticamente significativo para os PPAE e outros países em desenvolvimento que enfrentam o peso da dívida. Mas Geiger (1990) utilizou o modelo de distribuição de desfasamentos para examinar a relação entre a taxa de crescimento do PNB e o peso da dívida para 9 países sul-americanos durante um período de 12 anos (1974-1986) e encontrou uma relação inversa estatisticamente significativa entre o peso da dívida e o crescimento económico.

Além disso, Cohen (1993) estimou uma equação de investimento para uma subamostra de 81 países em desenvolvimento, ao longo de três subperíodos: 1965-1973, 1974-1981 e 1982-1987, utilizando o método OLS. O autor mostra que o nível de endividamento não explica o abrandamento do investimento em países em desenvolvimento com elevados níveis de reescalonamento.

Ashinze e Onwioduokit (1996) examinam a relação entre a dívida externa e o crescimento na Nigéria utilizando um modelo macroeconómico. O seu estudo revelou um período de utilização eficaz do financiamento externo, que resultou num nível significativo de crescimento económico. Revelam ainda períodos em que os fundos externos não foram utilizados judiciosamente, com o consequente efeito de declínio económico. Os primeiros estudos sobre este tema limitaram-se a um conjunto de dados relativamente mais pequeno e centraram-se na análise de séries cronológicas.

Jayaraman *et al.* (2008) centraram-se no fluxo de ajuda externa em 6 países das ilhas do Pacífico durante o período de 1998-2004. Estes países tinham estado entre os principais beneficiários de ajuda externa até ao início dos anos 80, mas mais tarde não puderam manter o nível de fluxos de ajuda mais elevados devido à alteração da situação política e, consequentemente, caíram na armadilha dos défices gémeos. O seu estudo concluiu que existe uma relação significativamente positiva entre a dívida externa e o PIB real e uma relação inversa entre um défice orçamental mais elevado e o crescimento do PIB.

2.2 Origem da crise da dívida externa da Nigéria

A origem da dívida externa da Nigéria remonta a 1958, quando foi contraído um empréstimo de 28 milhões de dólares junto do Banco Mundial para a construção de caminhos-de-ferro e outros projectos de desenvolvimento (Ndekwe, 2008). O agravamento da situação da dívida da Nigéria pode ser atribuído à necessidade de financiar o défice crescente criado por despesas excessivas. Entre 1958 e 1977, o recurso à dívida externa foi mínimo. Isto porque a dívida contraída durante esse período foi a dívida em condições favoráveis de fontes bilaterais e multilaterais com prazos de pagamento mais longos e taxas de juro mais baixas, constituindo cerca de 78,5% do total da dívida (Adepoju et al, 2007; Omoruyi , 2010). A queda dos preços do petróleo no final da década de 1970 teve um efeito negativo nas despesas públicas; por conseguinte, tornou-se importante para o governo contrair empréstimos para apoiar a balança de pagamentos e financiar projectos. Isto aumentou o perfil da dívida do país para 2,2 mil milhões de dólares em 1980 (Ajisafe, Nassar & Fatokun, 2006; Ndekwe, 2008). No entanto, em 1991, tinha aumentado para 33,4 mil milhões de dólares e, em vez de diminuir, estava a aumentar. Os factores que conduziram a este aumento acentuado incluem: a diminuição da percentagem de empréstimos de credores bilaterais e multilaterais, a entrada do governo estatal na obrigação de empréstimos externos, o consequente aumento dos empréstimos de fontes privadas a taxas mais elevadas e a incapacidade de gerir as dívidas externas devido à corrupção e à má gestão das receitas petrolíferas (Winberger & Rocks 2008; Abrego & Ross, 2011). O pagamento da dívida da Nigéria começou com um nível suave e tolerável em 1958, até se tornar um problema grave anos mais tarde. Além disso, no final de 2004, o stock da dívida da Nigéria subiu para quase 36 mil milhões de dólares, dos quais 31 mil milhões eram devidos ao Clube de Credores de Paris, enquanto o resto era devido a credores multilaterais, comerciais e outros não pertencentes ao Clube de Paris (CBN, 2008; DMD, 2008; Hameed et al 2008). Além disso, um dos credores da Nigéria, o clube de Paris, exigia 3 mil milhões de dólares anuais para o pagamento do serviço da dívida (AFRODAD, 2007). Nesta altura, a nação procurou um alívio da dívida para resolver a crise da dívida e a crise económica resultante, quando as outras opções não produziram o resultado desejado.

O défice entre a poupança interna e o nível desejado de investimentos na maioria das economias (especialmente nas economias em desenvolvimento) levou à contração de empréstimos internos e externos para colmatar as lacunas. Isto levou a passivos financeiros (dívida pública) por parte do governo a indivíduos e instituições dentro e fora do país. Num país em desenvolvimento como a Nigéria, o Banco Central, em nome do governo, pede dinheiro emprestado a fontes internas e externas.

A dívida pública é, portanto, o montante de dinheiro devido pelo governo a instituições, governos e indivíduos residentes dentro ou fora da Nigéria. Não se deve esquecer que existe uma diferença entre a dívida nacional e a dívida pública. A primeira é a dívida do Governo Federal, enquanto a segunda inclui a dívida nacional, as administrações locais do Estado e a dívida das empresas públicas.

2.3 Fontes da dívida pública

Tanto nos países em desenvolvimento como nos países desenvolvidos, as fontes de dívida interna são diversas. São normalmente contraídas através de instrumentos monetários como os bilhetes/certificados do tesouro e as acções de desenvolvimento do Estado. Podem ser contraídas através de:

□ Os bancos - como parte da sua carteira de investimentos - investem nestes instrumentos de dívida. Para tal, beneficiam da acumulação de juros na data de vencimento.

□ Não-bancário Público - como administrações estatais/locais, instituições de poupança, companhias de seguros, conselhos/sociedades estatutárias e particulares

□ O Banco Central - como banco de última instância - absorve a parte não subscrita dos títulos do Estado lançados no mercado primário.

□ Os instrumentos da dívida interna têm diferentes prazos de vencimento: curto, médio e longo.

2.4 Classificação da dívida pública

As dívidas públicas são classificadas de acordo com o objetivo para o qual a dívida foi contraída, como se segue:

□ *Dívida interna* - Dívida *interna* - dinheiro devido aos cidadãos, obtido dentro da economia. O reembolso é efectuado em moeda local através da transferência de receitas fiscais para os credores.

□ *Dívida externa - os credores* são estrangeiros - dinheiro emprestado pelo governo de um país ao governo ou a instituições não governamentais de outros países. O reembolso é efectuado numa moeda que não a do país devedor.

□ *Dívida comercial - Quando* a Nigéria negoceia com outros países e não consegue pagar os bens e serviços fornecidos.

□ *Empréstimo de apoio à balança de pagamentos - todas as* transacções económicas entre um país e outros países classificadas como contas correntes e de capital e a balança de pagamentos oficial, constituindo a balança de pagamentos que pode ser favorável quando é deficitária. Com a persistência de uma balança de pagamentos desfavorável, pode surgir a decisão dos governos de solicitar um empréstimo de apoio.

□ *Empréstimos ligados a projectos* - Projectos *viáveis* para acelerar o crescimento económico e o desenvolvimento podem levar o governo a contratar empréstimos ligados a projectos - um investimento auto-liquidável.

□ *Necessidades socioeconómicas Empréstimos - as administrações públicas contraem* empréstimos para financiar a disponibilização de equipamentos socioeconómicos, tais como infra-estruturas, saúde, educação, instalações recreativas, etc.

☐ *Dívidas financiadas e não financiadas - financiadas* são dívidas para as quais foram previstos fundos de amortização - empréstimos com menor risco de incumprimento, uma vez que foi previsto o reembolso na data de vencimento. Enquanto as dívidas não financiadas não têm qualquer provisão específica para o reembolso - dívidas com elevado risco de incumprimento.

☐ *Dívidas **transaccionáveis** e **não transaccionáveis*** - os empréstimos que podem ser revendidos pelo atual detentor da dívida a um comprador disposto a isso são transaccionáveis; enquanto os empréstimos ao detentor da dívida que não podem ser revendidos no mercado secundário são não transaccionáveis

☐ *Agrupamento e consolidação de empréstimos - a* aquisição de empréstimos de várias fontes para executar um determinado projeto é o agrupamento de empréstimos; enquanto a reunião ou consolidação de empréstimos antes da sua utilização é a consolidação de empréstimos.

2.5 Justificação da dívida pública

Os princípios clássicos do financiamento de empréstimos racionalizam os empréstimos para proporcionar equidade intergeracional, pagamento em função da utilização, formação de capital, seguro de velhice, projectos autoliquidantes, ajustamento da distribuição e redução da fricção fiscal.

A contração de empréstimos pode ser considerada como uma segunda melhor alternativa à criação de moeda durante o período de desemprego. O empréstimo externo é visto como um meio de preencher o défice de poupança interna, especialmente face à diminuição das receitas públicas provenientes de fontes internas. É o caso, nomeadamente, da flutuação dos preços dos produtos de base/exportações e, por conseguinte, da diminuição das receitas em divisas.

o de um país em desenvolvimento aumenta a sua taxa de investimento real. Tal como acontece com o motor do crescimento. Neste sentido, aumenta o produto nacional bruto (PNB) per capita (Cairncross, 1961), pelo que a dívida actua como uma fonte de formação de capital.

O endividamento público interno actua como uma medida anti-inflacionista ao mobilizar o dinheiro excedente nas mãos do povo. Esses recursos podem ser desviados de canais improdutivos, por exemplo, jóias e bens imobiliários, para empreendimentos produtivos.

2.6 Efeitos da dívida pública da Nigéria

Uma vez contraída, a dívida tem de ser paga através do pagamento de juros e taxas de amortização, à medida que forem vencendo. Quando o governo contrai uma dívida maior através de empréstimos líquidos contínuos, a taxa de juro aumenta. Se o montante total dos juros for pago com as receitas fiscais, o montante efetivo da cobrança de impostos deve também aumentar continuamente. Consequentemente, este facto impõe um encargo aos cidadãos.

2.7 Gestão da dívida pública

Cada país tem a sua própria forma de gerir a sua dívida pública e, para esse efeito, têm evoluído ao longo do tempo vários instrumentos políticos com diferentes objectivos. As políticas de gestão da dívida são, na sua maioria, concebidas para acompanhar os objectivos macroeconómicos mais amplos de estabilização e crescimento. É importante notar que as estratégias de gestão da dívida se relacionam em grande medida com a questão do reembolso e da redução das dívidas internas e externas. Na Nigéria, o Banco Central da Nigéria é estatutariamente responsável pela gestão da dívida em conjunto com o Ministério Federal das Finanças e outras agências. Recentemente, foi criado o Gabinete de Gestão da Dívida no Gabinete do Vice-Presidente para supervisionar o trabalho de todas as agências acima mencionadas na gestão da dívida pública.

A gestão da dívida é o conjunto de mecanismos técnicos, operacionais e institucionais que permitem gerir as responsabilidades de um país de modo a que o stock da dívida e o peso do serviço da dívida se mantenham a um nível tolerável e sustentável.

O aspeto técnico centra-se na necessidade de determinar o nível de dívida externa necessário e de assegurar que os termos e condições desses empréstimos estejam em consonância com a futura capacidade de serviço da dívida do país.

Os acordos institucionais incluem os aspectos administrativos, organizacionais e de monitorização da gestão tanto dos novos empréstimos como do stock total da dívida. Ao longo dos anos, as sucessivas administrações governamentais da Nigéria têm envidado esforços para reestruturar a dívida do país.

As medidas adoptadas incluem o refinanciamento, o reescalonamento, a reestruturação de dívidas em atraso e o pagamento/liquidação definitiva da dívida.

2.7.1 Gestão da dívida interna (interna)

O Ministério Federal das Finanças (Tesouro) gere a dívida pública interna, enquanto os empréstimos do Governo Federal emitidos publicamente na Nigéria são emitidos e geridos pelo Banco Central:

□ Aconselhar o governo sobre o calendário dos instrumentos de dívida flutuante e as condições de emissão.

□ Publicidade para a subscrição pública das edições.

□ Cobrar o produto das emissões em nome do Estado.

□ Supervisionar a emissão de certificados e warrants.

☐ Pagar o capital e os juros das dívidas vencidas e, além disso, gerir o fundo de amortização que facilita o resgate. A autoridade que controla as responsabilidades acima referidas poderia subscrever a parte não subscrita e criar um mercado secundário onde a alienação de participações públicas poderia ser efectuada com desconto, como acontece na Nigéria. Deste modo, é fornecida uma garantia adequada para os instrumentos de dívida.

O Ministério Federal das Finanças (uma agência de controlo) gere outras dívidas internas, como as dívidas contratuais, e organiza o modo de pagamento através de consultas adequadas com o Governo Federal e o Banco Central.

1. Aquisição de dívidas internas

O Banco Central da Nigéria aconselha o governo quanto ao momento de lançamento dos instrumentos de dívida e às condições de emissão. Normalmente, são publicados anúncios e a subscrição é efectuada através dos bancos e das casas de aceite. A CBN tem o dever de manter livros e contas apropriados para essas transacções.

2. Reestruturação das dívidas internas

O Banco Central da Nigéria resolve as insuficiências financeiras a curto prazo do governo através da concessão de facilidades de descoberto por meio de adiantamentos de meios e recursos.

3. Serviço da dívida interna

A CBN efectua os pagamentos de juros e de capital das dívidas nacionais que se vencem. Concede facilidades de desconto e de redesconto relativamente a instrumentos de dívida detidos pelos seus clientes. No entanto, esta última função está a ser transferida para as casas de desconto. No caso das acções de desenvolvimento, a CBN publica as datas de vencimento para o resgate das acções que se vencem através de declarações de calendário de resgate e formulários de pagamento. Isto é ainda facilitado pela criação de um fundo de amortização. O fundo de amortização é um fundo para o qual o Estado paga periodicamente um montante com o objetivo de reembolsar as suas responsabilidades relativas aos stocks de desenvolvimento em vários saldos. O saldo do fundo de amortização de cada unidade populacional de desenvolvimento é, por vezes, reinvestido noutra unidade populacional de desenvolvimento com uma taxa de juro mais elevada e de maturidade mais próxima.

2.7. 2 Gestão da dívida externa (externa)

A gestão da dívida externa é um programa consciente e cuidadosamente planeado de empréstimos contraídos para fins de desenvolvimento ou para apoiar a balança de pagamentos. Incorpora estimativas de ganhos em divisas, fontes de financiamento, os retornos projectados do investimento e o calendário de reembolso. Inclui também a avaliação da capacidade do país para pagar as dívidas existentes e a possibilidade de contrair novos empréstimos.

As estratégias de gestão da dívida externa da Nigéria têm variado de tempos a tempos desde o início da década de 1980, altura em que a crise da dívida se acentuou. No entanto, em 1988, foram definidas medidas abrangentes com os seguintes objectivos políticos

☐ Desenvolver estratégias para aumentar as receitas em divisas, reduzindo assim a necessidade de contrair empréstimos externos.

☐ Estabelecer os critérios para a contração de empréstimos a partir de fontes externas e determinar o tipo de projectos para os quais podem ser obtidos empréstimos externos.

☐ Definir os meios para o serviço da dívida externa dos sectores público e privado.

☐ Delinear o papel e as responsabilidades dos vários órgãos dos governos federal e estadual, bem como do sector privado, na gestão da dívida externa.

A ação sobre os objectivos políticos acima mencionados motivou o desejo do governo nigeriano de reduzir o peso da dívida externa e os seguintes passos foram desenvolvidos ao longo dos anos:

Embargo a novos empréstimos para evitar que o aumento incontrolável do stock da dívida impeça um maior endividamento. Esta medida é utilizada para evitar uma situação em que a dívida pública se torne incontrolável em resultado de aumentos desnecessários. Em 2001, o governo federal determinou que nenhum candidato a empréstimos externos, quer se tratasse de um Estado ou de uma agência governamental federal, podia contrair empréstimos superiores a 500 milhões de dólares para projectos não relacionados com esforços de redução da pobreza. Esse empréstimo tem de ser garantido pelo Governo Federal depois de ter sido avaliado com a aprovação da Comissão Nacional de Planeamento. Além disso, para esses empréstimos, o serviço da dívida não deve exceder 40% da afetação do governo estatal a partir da Conta da Federação (Edosa & Osaze citados por The Guardian, 17 de dezembro de 2001:14).

O limite dos pagamentos do serviço da dívida incentiva a utilização de uma determinada proporção das nossas receitas externas para o serviço da dívida externa.

Reestruturação da dívida As dívidas pendentes são convertidas noutro tipo de dívida. O refinanciamento, o reescalonamento, a recompra, a emissão de obrigações garantidas e o fornecimento de dinheiro novo são diferentes categorias de financiamento da dívida que são discutidas abaixo:

O refinanciamento de dívidas comerciais é um novo empréstimo contraído por um devedor para pagar uma dívida existente, se esta envolver uma dívida comercial de curto prazo. Trata-se da obtenção de um novo empréstimo por um país devedor para pagar uma dívida existente, especialmente quando se trata de uma dívida comercial de curto prazo. O novo empréstimo pode ser contraído junto dos mesmos países credores ou de um conjunto diferente de credores. No entanto, o que é importante é que o calendário de reembolso esteja sempre incluído no contrato de empréstimo. Em julho e setembro de 1983, a Nigéria celebrou o seu primeiro e segundo acordos de refinanciamento. Em ambos os acordos, foi refinanciada a soma de 2,1 mil milhões de dólares de atrasos comerciais e cartas de crédito não confirmadas. Há dois processos envolvidos no refinanciamento dos atrasados comerciais. São eles: reescalonamento da dívida e recompra da dívida.

O reescalonamento da dívida é o adiamento da data de vencimento efectiva de uma dívida para uma data futura. Está relacionado com o diferimento de dívidas. Trata-se do adiamento para uma data futura de vencimento efetivo das dívidas. Esta medida serve para dar um alívio mais temporário à nação ou país devedor. Em dezembro de 2001, a Nigéria assinou um acordo de reescalonamento com a Alemanha, a Áustria e a Suíça. O montante envolvido totalizava 3,267 mil milhões de dólares (Onuorah, 2001 citado em Edosa e Osaze, 2003).

Recompra de dívidas Quando o credor oferece ao devedor um desconto substancial para o pagamento de uma dívida pendente. É quando o país credor oferece ao devedor um desconto substancial para o pagamento de dívidas pendentes. A Nigéria envolveu-se neste processo em fevereiro de 1992, quando as dívidas comerciais de 3,395 mil milhões de dólares americanos ao Clube de Londres foram resgatadas pela Nigéria com um desconto de 60%. Isto significa que a Nigéria pagou 1,352 mil milhões de dólares para liquidar ou resgatar as dívidas comerciais (Oriakhi, 1992 citado em Edosa e Osaze, 2003). *Dinheiro novo Trata-se* da disponibilização de dinheiro novo que envolve essencialmente a concessão de novos empréstimos para ajudar um país muito endividado e sobrecarregado por um Estado credor ou um grupo de países credores.

Conversão da dívida a troca de instrumentos monetários, como notas promissórias, por activos tangíveis ou outros instrumentos financeiros. Em termos simples, significa a troca de um instrumento monetário, por exemplo, notas promissórias, por activos tangíveis ou outros instrumentos financeiros. Destina-se a reduzir o peso da dívida externa de um país, alterando o carácter das dívidas. A conversão da dívida pode ser de vários tipos, incluindo dívida por acções e dívida por dinheiro. O exercício de conversão da dívida envolve a venda de um instrumento de dívida externa por uma dívida interna de participação no capital de empresas nacionais. É uma prática corrente na Nigéria. Este programa poderá contribuir para incentivar a entrada de capitais e ajudar a recapitalizar as empresas do sector privado. Entre 1988 e 1991, o montante total da dívida resgatada ao abrigo do programa de conversão da dívida foi avaliado em 622,8 milhões de dólares pelo Banco Central da Nigéria (CBN, 1992).

Colateralização Neste acordo, espera-se que o rendimento de uma obrigação garantida durante um determinado período compense ou pague um montante garantido referido como opção de cupão zero.

Troca de dívida: trata-se de um empréstimo que pode ser pago por outros meios, como o petróleo bruto, como foi feito entre 1984 e 1985 (regime Buhari/Idiagbon).

O serviço da dívida é o pagamento dos juros do empréstimo.

A liquidação da dívida implica o pagamento da dívida, o que a Nigéria fez em 2005.

A dívida externa da Nigéria no final de 1998 era de 28,8 mil milhões de dólares, constituída por dívidas aos clubes de credores de Paris e Londres, a instituições multilaterais, a notas promissórias e a outras multinacionais. O Governo Federal, através do Ministério das Finanças e da Economia

O desenvolvimento durante a administração do Presidente Obasanjo negociou apaixonadamente o peso da dívida da Nigéria e liquidou efetivamente as dívidas com as agências internacionais em 2003, pelo que o nome da Nigéria foi retirado da lista de devedores internacionais.

A dívida que se foi acumulando ao longo dos anos e o seu crescimento devem-se, em grande parte, à necessidade de financiar défices orçamentais. Desde 1986, as estratégias adoptadas pelas sucessivas administrações federais não conseguiram resolver este efeito monstruoso na economia.

2.8 Situação dos projectos financiados por empréstimos estrangeiros em 1996

O gráfico que se segue mostra a situação da execução de projectos de desenvolvimento que alegadamente recorreram a empréstimos externos por parte do Governo da Nigéria. O gráfico mostra que, do total de empréstimos externos recebidos pelo governo em 1996, 64% falharam, 2% foram bem sucedidos, 25% foram funcionais e 9% não foram executados devido ao fator Nigéria, ou seja, corrupção e fraude, com má gestão de fundos por parte de funcionários públicos.

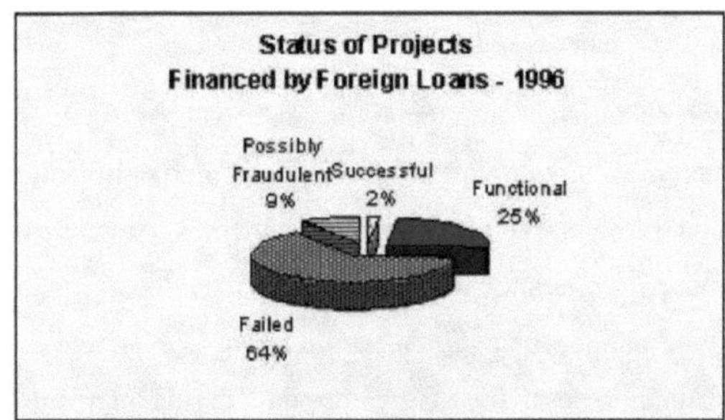

Fonte: Gabinete de Gestão da Dívida (1996).

Fig 2: Situação dos projectos financiados por empréstimos estrangeiros

Estrutura da dívida do Clube de Paris em dezembro de 2000

O quadro seguinte mostra a estrutura da dívida em 2000. O quadro mostra que, do total da dívida de Paris, 24% corresponde a juros de mora, 7% a capital em dívida, enquanto os juros em atraso são 21% e 48% correspondem a capital em atraso.

20

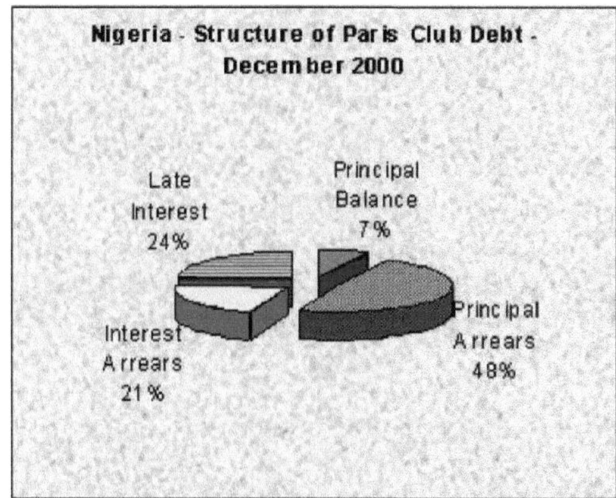

Fonte: Gabinete de Gestão da Dívida (2000)

Fig 3:   Estrutura da dívida do Clube de Paris

2.9 O efeito da dívida externa sobre as massas da Nigéria

. A desvalorização da naira através do Mercado Cambial (MEF) afectou a maioria das pequenas indústrias nacionais que dependiam fortemente das importações para sobreviver. Uma vez que a Nigéria não pode contar com as indústrias multinacionais para industrializar a Nigéria, a sua esperança básica de industrialização terminou.

• O colapso da maioria das indústrias de pequena escala reforçou a consolidação da economia nigeriana pelas empresas multinacionais. Em consequência, mesmo nos momentos mais difíceis da Nigéria, estas empresas declaram super-lucros.

• A implementação do programa de conversão da dívida pôs oficialmente fim ao programa de indigenização. O resultado foi a recolonização maciça da Nigéria através do programa de conversão.

• A privatização das empresas públicas na Nigéria distorceu a riqueza do país a favor dos poucos nigerianos e estrangeiros que têm acesso a ela. Até à data, não contribuiu de forma alguma para resolver a crise da dívida.

• A eliminação de barreiras específicas ao comércio, baseada no conceito de livre iniciativa, não ajudou a Nigéria. Para além de encorajar o dumping de produtos estrangeiros, facilitou enormemente a fuga de capitais.

• O ganho mais visível do PAE e da gestão da crise da dívida da Nigéria foi a disponibilidade dos credores para concederem à Nigéria empréstimos a qualquer preço. Em consequência, a dívida externa da Nigéria cresceu de forma desproporcionada, com uma séria ameaça de escravatura por dívida.

A curto prazo, a crise da dívida da Nigéria e a sua gestão tiveram os seguintes efeitos sobre as massas nigerianas:

1) Desemprego maciço de diplomados do ensino secundário e universitário.

2) Aumento da criminalidade, tanto nas zonas urbanas como nas rurais, devido à falta de emprego remunerado.

3) O aumento da privação das massas nigerianas e a concentração da riqueza em poucas mãos.

4) Instabilidade política resultante da manifestação das massas nigerianas contra as graves calamidades do sistema capitalista.

5) Aumento da fome, das doenças, da miséria e da mortalidade de bebés, mães e crianças

2.10 A natureza e as causas da dívida externa

Durante os primeiros anos da sua existência como nação independente, a Nigéria não era classificada como uma nação devedora. Não havia razões para contrair empréstimos. A Nigéria enfrentou com êxito a sua guerra civil de 30 meses, de 1967 a janeiro de 1970, sem dívidas externas. O então chefe de estado militar nigeriano entre 1966 e 1975, o General Yakubu, disse uma vez no início da década de 1970 que a Nigéria não tinha problemas de dinheiro. O problema era como utilizar o dinheiro que tinha. A dependência da economia em relação ao estrangeiro no que respeita aos bens de consumo e ao financiamento necessário para a prossecução dos programas de desenvolvimento tornava a economia vulnerável a choques externos. "No plano interno, alguns dos problemas da dívida podem ser atribuídos a uma dependência excessiva da dívida externa e a uma política fiscal, monetária e de dívida externa inadequada. Alguns fundos emprestados foram utilizados para financiar projectos de prestígio ou alegadamente desviados para utilizações não desejadas" Sanusi (1988).

As causas do peso da dívida externa da Nigéria podem ser agrupadas em seis domínios, que são os seguintes

• Políticas comerciais e cambiais ineficazes

• Movimentos cambiais adversos.

• Movimentos adversos das taxas de juro.

• Empréstimos de má qualidade e utilização ineficaz dos empréstimos.

• Práticas incorrectas de gestão da dívida.

- Acumulação de pagamentos em atraso e sanções.

Razões e causas do peso da dívida externa da Nigéria

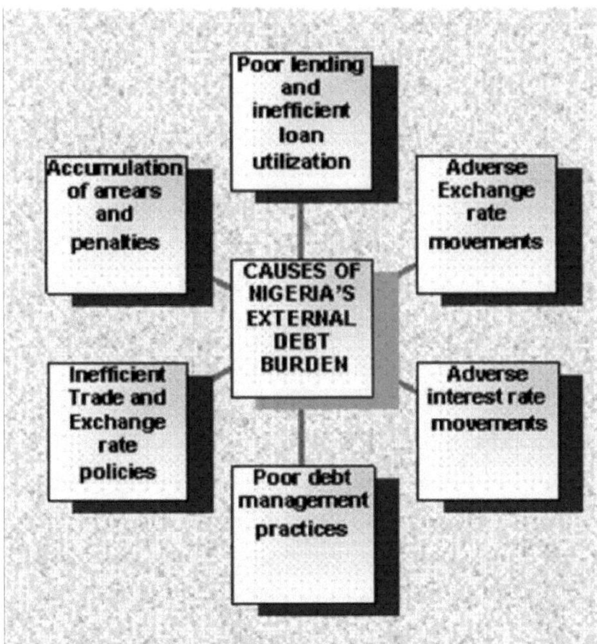

Fonte: Gabinete de Gestão da Dívida (2012)

2.11 Limitações na gestão das dívidas externas na Nigéria

Há muitos problemas que militam contra a eficácia da gestão da dívida na Nigéria e alguns deles são indicados a seguir;

1) Escassez de dados estatísticos: A escassez de dados estatísticos sobre a dívida interna e externa é um grande problema na gestão da dívida da Nigéria porque a Nigéria tem calculado a sua dívida interna e externa de forma grosseira, abaixo da sua estimativa da dívida real. Ou seja, a Nigéria tem estado a basear o cálculo da sua dívida em pressupostos.

2) Acordos Institucionais: Os acordos institucionais para a gestão da dívida externa constituem um obstáculo à sua gestão eficaz na Nigéria, ou seja, o Banco Central da Nigéria (CBN) está a tratar da dívida comercial de curto prazo do sector privado, enquanto o Ministério Federal das Finanças cria a impressão errada de que a gestão da dívida externa é uma atividade integrada.

3) Lei e regulamentação ineficazes: Outro problema do problema institucional é a negligência ou a ineficácia da lei e da regulamentação. Se a disposição da Lei dos Organismos Públicos de 1965 fosse aplicada de forma eficaz, poderia ter criado uma ligação coesa nos dados estatísticos sobre os empréstimos externos do governo federal, dos governos estaduais e das paraestatais.

4) Baixa rendibilidade dos instrumentos de dívida: A baixa taxa de juro aplicada aos instrumentos de

dívida durante muito tempo antes da introdução do Programa de Ajustamento Estrutural (PAE) em 1986 tornou estes instrumentos muito pouco atractivos.

2. 12 Implicações da dívida externa da Nigéria

O elevado peso da dívida da Nigéria começou a afetar gravemente a economia e o bem-estar da população. O serviço da dívida externa afectou gravemente os recursos disponíveis para o desenvolvimento socioeconómico e a redução da pobreza. No entanto, a partir de 1986, a Nigéria decidiu limitar o serviço da dívida a não mais de 30% das receitas do petróleo, o que não trouxe grande alívio. Entre 1985 e 2001, a Nigéria gastou mais de 32 mil milhões de dólares no serviço da dívida externa. Antes do acordo de reescalonamento com o Clube de Paris, o pagamento anual do serviço da dívida pelos credores situava-se entre 3,0 e 3,5 mil milhões de dólares. Devido ao problema da Nigéria com o serviço da sua dívida, as agências de garantia de crédito à exportação (ECGAS) suspenderam a cobertura de seguro das exportações de bens e serviços, bem como do capital de investimento para o país. Consequentemente, o tão necessário afluxo de recursos estrangeiros para estimular o investimento, o crescimento e o emprego foi dificultado. Sem cobertura de crédito, os importadores nigerianos são obrigados a fornecer uma cobertura de 100% em numerário para todas as encomendas, o que os coloca numa situação de desvantagem competitiva em relação aos seus homólogos de outros países. A situação agrava os problemas dos encargos externos, uma vez que bloqueia o alívio que teria sido obtido através de uma rápida recuperação económica, do crescimento e do desenvolvimento.

Ejigayehu (2013) também analisou o efeito da dívida externa sobre o crescimento económico de oito países africanos altamente endividados (Benim, Etiópia, Mali, Madagáscar, Moçambique, Senegal, Tanzânia e Uganda) através do efeito de excesso de dívida e de exclusão da dívida, com o rácio da dívida externa em relação ao rendimento nacional bruto como indicador do excesso de dívida e o rácio do serviço da dívida sobre as exportações como indicador da exclusão da dívida. Foram utilizados dados de painel que abrangem o período de 1991-2010. A investigação empírica foi efectuada com base num modelo de regressão transversal com testes de estacionariedade utilizando o teste Augmented Dickey Fuller, a heteroscedasticidade e a regressão normal. O resultado final da estimativa revela que a dívida externa tem impacto no crescimento económico através do crowding out e não do excesso de dívida.

Suliman *et al* (2012) realizaram um estudo sobre o efeito da dívida externa no crescimento económico da Nigéria. Foram utilizados dados de séries cronológicas anuais que abrangem o período de 1970-2010. A análise empírica foi realizada utilizando técnicas econométricas de mínimos quadrados ordinários (OLS), teste de raiz unitária Dickey-Fuller aumentado, teste de co-integração de Johansen e método de correção de erros. O teste de co-integração mostra uma relação de longo prazo entre as variáveis e os resultados do modelo de correção de erros revelaram que a dívida externa contribuiu positivamente para o crescimento da economia da Nigéria. Além disso, o estudo recomenda que os nigerianos assegurem a estabilidade política e económica para uma gestão eficaz da dívida.

Audu (2004) examinou o impacto da dívida externa no crescimento económico e no investimento público na Nigéria. O estudo efectuou a sua análise utilizando dados de séries cronológicas que abrangem o período de 1970-2002. No estudo, foram utilizadas as técnicas econométricas de estimação do teste de co-integração de Johansen e do método de correção de erros vectoriais. O estudo concluiu que o peso do serviço da dívida da Nigéria tem um efeito negativo importante no processo de crescimento e também afectou negativamente o investimento público.

Ogumuyiwa (2011) examinou se a dívida externa promove o crescimento económico na Nigéria utilizando dados de séries temporais de 1970-2007. A equação de regressão foi estimada utilizando técnicas econométricas como o teste de Dickey-Fuller aumentado, o teste de causalidade de Granger, o teste co-integrado de Johansen e o método de correção de erros vectoriais (VECM). Estes resultados revelaram que não existe causalidade entre a dívida externa e o crescimento económico na Nigéria.

O estudo de Ekperiware e Oladeji (2012) sobre o alívio da dívida externa e o crescimento económico examinou a relação de rutura estrutural entre a dívida externa e o crescimento económico na Nigéria. O estudo utilizou as séries cronológicas trimestrais da dívida externa, do serviço da dívida externa e do PIB real de 1980 a 2009. Utilizou a técnica de estimação do teste de Chow para determinar o efeito de rutura estrutural da dívida externa no crescimento económico da Nigéria, em resultado do alívio da dívida do Clube de Paris em 2005. Os resultados revelaram que a redução da dívida externa em 2005 provocou um efeito de rutura estrutural na relação entre a dívida externa e o crescimento económico.

2.13 Experiências de endividamento em todo o mundo

2.13. 1 Sri Lanka em crise de dívida

O Sri Lanka atravessou uma guerra civil que durou trinta anos. Quando a guerra civil terminou, o governo, no âmbito da reconstrução, teve de embarcar em múltiplos e vastos projectos que exigiram empréstimos maciços, tanto de fontes internas como externas. Em 2015, os empréstimos contraídos pelo governo do Sri Lanka ascenderam a 8,5 biliões de liras. Este valor é superior a 76% do seu PIB (CBSL, 2015). A situação da dívida do país diminuiu de 106% em 2002 para 71% em 2014, antes de voltar a aumentar em 2015. Quando estes números são comparados com países como a Grécia e os EUA, verifica-se que a situação da dívida está em melhor forma em termos de dívida total em percentagem do PIB.

No entanto, quando vários factores como a qualidade das dívidas, as razões para os empréstimos, entre outros factores, são analisados em relação à crise da dívida do Sri Lanka, há motivos para alarme. Por exemplo, a qualidade das dívidas deteriorou-se acentuadamente nos últimos 10 anos, tendo os empréstimos contraídos pelo Estado para fins não relacionados com projectos e os empréstimos contraídos junto de fontes comerciais aumentado rapidamente. Do mesmo modo, a percentagem de empréstimos de fontes externas não relacionados com projectos aumentou de mais de 13% no final de 2008 para mais de 39% no início de 2015. O que isto significa em termos práticos é que a situação da dívida do Sri Lanka está, de facto, num ponto de crise, basicamente devido à qualidade da dívida, em virtude de dois factores: em primeiro lugar, é sabido em todo o mundo que a contração de empréstimos para financiar projectos não relacionados com projectos não gera rendimentos para reembolsar as dívidas quando estas devem ser pagas e que os empréstimos comerciais atraem normalmente elevados encargos para o serviço da dívida devido às condições rigorosas de reembolso, com prazos curtos e juros elevados.

Sem dúvida, o Sri Lanka é um bom estudo de caso para analisar a nova dimensão do nexo crescimento-dívida.

2.13.2 Crise da dívida do Gana

Ao que parece, a economia do Gana está a atravessar uma crise de dívida. O país da África Ocidental viu um montante significativo da sua dívida ser anulado há cerca de dez anos, mas perde todos os anos cerca de 30% das receitas para pagar o serviço da dívida externa. O país conseguiu efetuar pagamentos tão elevados porque o Gana conseguiu contrair mais empréstimos do Fundo Monetário Internacional (FMI), que são utilizados para pagar os juros das dívidas a anteriores credores, enquanto o montante global da dívida aumenta.

A dívida do Gana é o resultado de um aumento gradual dos empréstimos concedidos e contraídos na sequência da descoberta do petróleo e dos elevados preços dos produtos de base. O país acumulou mais dívidas devido à queda do preço do petróleo e de outros produtos de base desde 2013, numa tentativa de resolver o impacto da queda dos preços dos produtos de base, enquanto a dimensão relativa da dívida também aumentou rapidamente devido à queda do valor da moeda ganesa, o cedi (GH0), em relação ao dólar ($). Os principais factores responsáveis pelo regresso do Gana à crise da dívida são claros: a dependência contínua das exportações de produtos de base, bem como o facto de a contração e a concessão de empréstimos não serem suficientemente responsáveis, o que significa que as novas dívidas acumuladas não geram receitas suficientes para permitir o cumprimento das obrigações à medida que estas se vão vencendo.

Projecções para o Gana após 2017

As previsões do FMI sugerem que o Gana será capaz de continuar a pagar as suas dívidas no futuro.

A ASD do FMI e do Banco Mundial prevê que o serviço da dívida externa continuará a ser elevado durante muitos anos, representando ainda quase um quarto das receitas públicas em 2035. No entanto, prevê também que a dívida externa global e a dívida pública total diminuam gradualmente em percentagem do PIB. Isto pressupõe que o crescimento do PIB medido em dólares é elevado; em média, superior a 8% em termos nominais.89 Pressupõe também que existe um excedente primário todos os anos, de um máximo de 2,3% do PIB em 2017 para 0,9% em 2025 e 0,1% em 2035.

No entanto, as previsões para o crescimento do PIB em dólares na ASD já se revelaram demasiado optimistas em comparação com as mais recentes Perspectivas Económicas Mundiais do FMI de abril para 2016 e 2017, que, como referido acima, indicam que a dívida externa continuará a aumentar.

A única forma de o FMI prever que a dívida do Gana vai continuar a ser paga é presumir:

> elevado crescimento do PIB em dólares, com uma média de 8,2% por ano

> o governo arrecada anualmente cerca de 19-21% do PIB em receitas, ou seja, as receitas crescem em linha com o PIB

> uma diminuição da taxa média de juro da dívida externa de 5,1% para 4,1% a médio prazo

> um grande excedente primário de 2,3% até 2017 e excedentes contínuos após essa data, embora numa proporção cada vez menor do PIB Qualquer falha significativa nestes pressupostos poderia fazer com que a dívida aumentasse ainda mais fora de controlo, acabando por custar mais ao povo do Gana se continuar a ser paga. No entanto, todos estes pressupostos são optimistas ou exigem sacrifícios significativos:

Em $ PIB de 8,2% ao ano: Entre 2008 e 2015, o PIB do Gana cresceu de 28,5 mil milhões de dólares para 36 mil milhões de dólares,90 o que equivale a um crescimento anual inferior a 4% - menos de metade da taxa assumida pelo FMI.

> Crescimento das receitas públicas em consonância com o PIB, com uma cobrança anual de 19-21% do PIB: De acordo com as Perspectivas Económicas Mundiais do FMI, o Gana só uma vez arrecadou 19% do PIB como receita pública num ano, em 2011. Entre 2008 e 2014, o ano mais recente com dados confirmados, as receitas públicas corresponderam, em média, a 17,4% do PIB. Dos países de rendimento baixo e médio que cresceram 8,2% ou mais por ano, em termos de dólares, entre 2008 e 2014, 45% viram as suas receitas públicas em percentagem do PIB diminuir durante o mesmo período. Para 32%, manteve-se aproximadamente ao mesmo nível e em 22% aumentou.91 Manter ou aumentar as receitas públicas durante períodos de elevado crescimento económico é possível, mas não é de forma alguma garantido.

> Taxas de juro: É impossível que a taxa de juro da dívida externa diminua, dado que a taxa paga sobre as obrigações tem vindo a aumentar, as taxas de juro dos EUA estão a aumentar e a dívida do

Gana aumentou tão dramaticamente que os credores privados estão agora menos dispostos a emprestar do que há alguns anos.

> Excedente primário: Desde o início do seu programa de resgate e de ajustamento estrutural, em abril de 2015, o FMI tem vindo a rever continuamente em baixa as projecções para a dimensão do PIB medido em dólares. Em abril de 2015, o FMI previu que o PIB seria de 42,5 mil milhões de dólares em 2016 e de 47,2 mil milhões de dólares em 2017. Estes valores têm vindo a diminuir em todas as revisões, e a última previsão no World Economic Outlook de abril de 2016 é que o PIB será de 38,2 mil milhões de dólares (menos 10%) em 2016 e de 40,9 mil milhões de dólares (menos 13%) em 2017. Estas quedas significam que, em 2017, as receitas públicas deverão ser de 8,3 mil milhões de dólares em vez de 9,2 mil milhões.

Isto pode dever-se ao facto de as projecções do FMI estarem simplesmente erradas, ou ao facto de os cortes e aumentos de impostos introduzidos como parte do programa terem reduzido o crescimento do dólar. De qualquer forma, se forem introduzidos mais cortes e aumentos de impostos em resposta ao incumprimento dos objectivos, é provável que isso reduza ainda mais a taxa de crescimento, uma armadilha da dívida clássica em que a austeridade leva a menos crescimento, o que aumenta a dimensão relativa da dívida, o que leva a mais austeridade e menos crescimento, e assim por diante.

2.13.3 Situação da dívida do Egipto

Desde o final de 2012, o Egipto tem vindo a registar problemas com o seu sistema de moeda flutuante gerida. Desde 2003/2004, a estabilidade do sistema de taxas de câmbio dependia da capacidade do Banco Central para acumular grandes reservas de divisas que cobrissem 9 ou 10 meses de importações anuais. Amr (2017). O Banco Central podia utilizar estas reservas para satisfazer a procura de dólares necessários para pagar os bens importados e podia, assim, defender efetivamente o valor da libra. Para um importador líquido de alimentos e combustíveis como o Egipto, a gestão da taxa de câmbio era importante para controlar a inflação e, em especial, o preço dos produtos básicos. Experiências anteriores - como os enormes motins do pão em 1977 - tinham demonstrado o potencial desestabilizador dos aumentos súbitos de preços num contexto de pobreza urbana galopante.

Na sequência da revolução de 2011 e da turbulência política que se seguiu, as taxas de crescimento diminuíram consideravelmente e as reservas de divisas diminuíram, uma vez que o Egipto sofreu uma fuga de capitais e uma queda drástica do investimento direto estrangeiro e do sector do turismo. Entre 2011 e 2012, o Banco Central utilizou as suas reservas para defender o valor da libra, financiando as importações de géneros alimentícios de base e de combustíveis por parte de organismos estatais. Em dezembro de 2012, as reservas externas tinham diminuído de 35 mil milhões de dólares em janeiro de 2011 para 15 mil milhões. Este facto diminuiu a capacidade do Banco Central para satisfazer a procura de dólares. No entanto, uma expansão sem precedentes, em grande parte politicamente motivada, do crédito e da ajuda estrangeiros, principalmente sob a forma de depósitos a longo prazo no Banco Central, que normalmente mantém o sistema à tona artificialmente. Quando Mohamed Mursi foi derrubado, em julho de 2013, o Egipto recebeu cerca de 8 mil milhões de dólares, principalmente do Qatar e, em menor escala, da Turquia, que estavam interessados em ajudar o governo da Irmandade Muçulmana a ter sucesso. O golpe de 2013 pôs fim a estas relações especiais (grande parte dos depósitos e empréstimos do Qatar foram, de facto, reembolsados), para serem substituídos por um apoio ainda maior de países árabes notáveis, como a Arábia Saudita, os Emirados Árabes Unidos e, em menor escala, o Kuwait. Entre 2011 e 2016, o Egipto recebeu um total notável de 29 mil milhões de dólares em ajuda, crédito barato, depósitos a longo prazo no Banco Central e carregamentos gratuitos de petróleo e gás Abdelatif (2017).

No entanto, a ausência de uma visão económica por parte dos dirigentes e a relutância em controlar as despesas fizeram com que se perdesse a oportunidade oferecida por estes fluxos sem precedentes. Enquanto o apoio do CCG estivesse a chegar, poderia ter servido para mitigar os impactos contraccionistas da austeridade e facilitar a implementação de reformas para resolver as fraquezas estruturais de longa data das finanças do Egipto. Conscientes da instabilidade que poderia advir da subida dos preços e dos despedimentos de funcionários públicos, e com o objetivo de reforçar o apoio ao novo regime apoiado pelos militares, os novos dirigentes optaram por utilizar estes fundos para *evitar* as reformas. Com o avanço da situação, as negociações com o FMI foram interrompidas.

2.13.4 A experiência da dívida no Quénia

Acredita-se geralmente que o Quénia é o centro da África Oriental e Central para os serviços financeiros, de comunicação e de transportes (FMI-World Economic Outlook (WEO) 2016). As perspectivas positivas encorajadoras da economia do Quénia não são alheias ao impressionante desempenho do turismo, ao bom desempenho da agricultura, à política monetária favorável, aos baixos preços do petróleo que incentivam o consumo, bem como aos investimentos em infra-estruturas, como se pode ver pela construção em curso de uma linha férrea de bitola normal (que deverá custar 3,6 mil milhões de dólares) e por projectos no domínio da energia (que deverão aumentar a capacidade instalada de produção de energia em 5 000 megawatts até 2017) (Banco Mundial 2016).

Os empréstimos externos do governo do Quénia aumentaram acentuadamente devido a empréstimos relacionados com infra-estruturas. A dívida pública bruta foi de 52,8 por cento do PIB em 2015, contra 44,2 por cento em 2014 e 39,8 por cento em 2013, enquanto em termos de PV o rácio da dívida pública em relação ao PIB foi de 49 por cento no exercício financeiro de 2015-2016 (FMI 2016). O aumento foi contribuído pela emissão de obrigações soberanas de 2,75 mil milhões de dólares em junho e dezembro de 2015 e pelo desembolso inicial do empréstimo relacionado com o SGR da China.

Prevê-se que a dívida pública global aumente para 56% do PIB nos exercícios financeiros de 2015-2016 devido à antecipação dos desembolsos subsequentes para o SGR (FMI 2015).

2.4 Quadro teórico

2.4.1 Modelo de crescimento de Solow

O modelo de crescimento de Solow foi publicado em 1956 como um documento de seminário sobre crescimento económico e desenvolvimento com o título "A contribution to the theory of economic growth". Tratava-se de uma extensão do modelo Harrod-Domar de 1946. Em 1987, Solow foi galardoado com o Prémio Nobel da Economia pela sua valiosa contribuição para a compreensão do crescimento económico. O modelo de crescimento de Solow tentou dar resposta a um dos grandes mistérios do crescimento em economia, ou seja, por que razão os países ricos são tão ricos e por que razão os países pobres são tão pobres. Tal como a maioria das teorias do crescimento económico, o modelo de crescimento de Solow assenta em alguns pressupostos:

- Os países produzirão e consumirão apenas um único bem homogéneo

- A tecnologia é exógena a curto prazo.

O modelo de crescimento de Solow é desenvolvido com base na função de produção Cobb-Douglas dada pela forma:

$$Y = F(K, L) = K^a L^{1-a}$$

Onde

Y= Saída

K= Capital

L= Mão de obra

a e 1-α são as elasticidades da produção do capital e do trabalho, respetivamente, e a é um número entre 0 e 1. A manipulação matemática da equação acima dará $y = k^a$. Se a função de produção acima referida for expressa com a correspondente produção por trabalhador, y=Y/L e capital por trabalhador, k=K/L, teremos a seguinte equação $y = k^a$. De acordo com esta equação, um país que utilize mais capital por trabalhador produzirá mais produto por trabalhador, sujeito à lei dos rendimentos decrescentes do capital por trabalhador. (Jones, 2002).

A outra equação importante do modelo de crescimento de Solow é a acumulação de capital sob a forma de:

$$\acute{K} = sY - dK$$

Onde:

$\acute{K}$ = variação do stock de capital

sY = investimento bruto

dK= depreciação durante o processo de produção

Com uma manipulação matemática, Solow deriva a equação de acumulação de capital em termos de capital por trabalhador, ou seja, $\acute{k}$ = SY- (n+d) k. Isto implica que a variação do capital por trabalhador é uma função do investimento por trabalhador, da depreciação por trabalhador e do crescimento da população. Destas três variáveis, apenas o investimento por trabalhador está positivamente relacionado com a variação do capital por trabalhador.

2.4.2 O modelo de crescimento com dívida

- A abordagem original de não otimização foi avançada no âmbito da literatura "crescimento - cum-dívida", na qual a ênfase tem sido colocada principalmente na contração de empréstimos estrangeiros para fins de investimento, ou seja, para preencher a lacuna entre o investimento interno e a poupança (Avramovic, 1964; Solomon 1977). Os modelos de crescimento com dívida consideram a capacidade de endividamento em termos dos benefícios e custos do endividamento no processo de crescimento económico. O argumento básico é que um país manterá a sua capacidade de servir a dívida desde que os acréscimos à sua dívida ao longo do tempo contribuam para o crescimento. Dada a necessidade de um maior stock de capital e a inadequação da poupança interna para financiar o investimento que

Para que tal seja possível, é necessário que as poupanças nacionais sejam complementadas por fontes estrangeiras; este facto fez com que a questão deixasse de ser a utilidade dos fundos externos para os países em desenvolvimento e passasse a ser a quantidade suficiente para ajudar a realizar o seu potencial de crescimento. No entanto, o objetivo geral da contração de empréstimos no estrangeiro é aumentar os recursos financeiros disponíveis para investimento, complementando as receitas de exportação. De acordo com a contabilidade do rendimento nacional, o excesso de despesas de investimento em relação à poupança interna é equivalente ao excedente das importações em relação às exportações. Em situação de equilíbrio, as identidades seguintes são válidas:

I-S = m-x

S-M = x-m

Onde;

I = Investimento

S = Poupança

M = Importação

X = Exportação

A equação acima implica que o défice de recursos internos (S-I) se identifica com o investimento estrangeiro ou com o défice externo (x-m). Um excesso de importações em relação às exportações implica necessariamente um excesso de recursos utilizados por uma economia em relação aos recursos por ela gerados ou um excesso de investimento nos recursos por ela gerados ou um excesso de investimento em relação à poupança interna, o que significa que a necessidade de empréstimos externos é determinada pela taxa de investimento em relação à poupança interna. No entanto, os empréstimos externos não são apenas a diferença entre o investimento interno e a poupança, mas incluem a diferença entre a exportação e a importação.

$$id - s = m - x \quad \text{.................} \quad (3)$$

$$id + x = s + m \quad \text{.................} \quad (4)$$

A condição para que o rendimento nacional seja é que o investimento interno mais as exportações devem ser iguais às importações mais a poupança interna para que a balança de pagamentos esteja em equilíbrio sem empréstimos externos, as exportações devem ser iguais às importações e o investimento interno, ou seja, não acompanhado por uma mudança igual na programação da poupança, deve ser financiado em parte por empréstimos do exterior.

Isto deve-se ao facto de parte do aumento do rendimento se repercutir nas importações (pressupondo uma propensão marginal positiva para importar). A única condição para que o investimento aumente sem afetar negativamente a balança de pagamentos é que as exportações se expandam simultaneamente na proporção correcta ou que a programação da poupança se desloque para cima ou a programação das importações se desloque para baixo. No entanto, as diferenças entre as equações (3) e (4) podem não ser iguais, o ajustamento da proporção dos factores pode ser lento e a substituibilidade entre recursos nacionais e estrangeiros pode ser um processo mais longo do que a possibilidade de escassez de divisas e de poupança nacional em determinados momentos e ao longo do tempo.

2.4.3 A teoria da dupla lacuna

Esta teoria fornece um quadro que mostra que o desenvolvimento de qualquer nação é uma função do investimento e que esse investimento requer poupanças internas que não são suficientes para garantir que o desenvolvimento se realize (Oloyede (2005). O argumento da teoria é que o investimento e o desenvolvimento são limitados pelo nível de poupança interna ou pela capacidade de compra de importações. A teoria da dupla diferença é cunhada a partir de uma identidade contabilística do rendimento nacional que implica que o excesso de despesas de investimento (diferença investimento-poupança) é equivalente ao excedente das importações em relação às exportações (diferença cambial). Omoniyi (2005) afirmou que a maioria das economias registou um défice na tentativa de colmatar a diferença entre os níveis de poupança e de investimento e recorreu a empréstimos externos para colmatar essa diferença. Esta lacuna constitui o motivo subjacente à dívida externa, tal como referido por (Chenery, 1996), que consiste em colmatar a falta de poupança e investimento numa nação, uma vez que o aumento da poupança e do investimento conduziria a um aumento do crescimento económico (Hunt, 2007).

2.4.4 Teoria da dívida pendente

A teoria do endividamento excessivo define um cenário em que a dívida de uma empresa é tão grande que quaisquer ganhos gerados por novos projectos de investimento são inteiramente apropriados pelos detentores da dívida existente e, portanto, mesmo os projectos com um valor atual líquido positivo não podem reduzir o stock de dívida da empresa ou aumentar o valor da empresa. Krugman (1988) define o "debt overhang" como uma situação em que os investimentos são reduzidos ou adiados, uma vez que o sector privado antecipa que os rendimentos do seu investimento servirão para pagar aos credores. Além disso, explica um endividamento tão grande que uma entidade não pode contrair uma dívida adicional para financiar projectos futuros, mesmo aqueles que são suficientemente rentáveis para lhe permitir reduzir o seu endividamento ao longo do tempo. Serve para dissuadir o investimento atual, uma vez que todos os ganhos de novos projectos iriam apenas para os detentores de dívida existentes, deixando pouco incentivo para a entidade tentar sair do buraco. De acordo com a teoria do endividamento excessivo, quando os países têm um rácio dívida externa/PIB mais elevado, podem ter relativamente menos fundos disponíveis para proporcionar um ambiente propício às empresas[and] promover o investimento, o que deteriora ainda mais o atual nível de crescimento económico.

2.4.5 Hipótese de Crowding in ou Out da dívida externa

Na maior parte dos casos, o Governo mobiliza recursos da dívida para levar a cabo grandes projectos de investimento de capital. Na medida em que a dívida está a ser utilizada para financiar estes projectos, o efeito líquido deste défice orçamental dependerá do facto de estar a atrair ou a afastar o investimento privado.

Hipótese de aglomeração

Trata-se de um princípio económico segundo o qual o investimento privado aumenta à medida que o governo, financiado pela dívida, aumenta a procura de bens, o que, por sua vez, aumenta a procura privada de novas fontes de produção. O efeito de crowding pode ser visto como uma tentativa do governo de aumentar o investimento do sector privado através da realização de projectos de capital, tais como infra-estruturas rodoviárias, energia hidroelétrica, educação ou instalações de cuidados de saúde que, em última análise, reduzem o custo marginal da produção de uma unidade de produto para o sector privado (Piana, 2001). Isto significa, essencialmente, que as grandes despesas públicas dirigidas para a produção de bens de capital podem potencialmente aumentar o stock de investimento de capital público e, assim, atrair a participação do sector privado. A realização de tais projectos exigiria que o Governo emitisse instrumentos de dívida (nacionais ou estrangeiros) ou aumentasse os impostos.

Hipótese de Crowding Out

Esta situação ocorre quando o governo aumenta o seu endividamento para financiar o aumento das despesas ou reduz os impostos (ou seja, está envolvido em despesas deficitárias), afastando o investimento do sector privado através de uma taxa de juro mais elevada. Se o aumento do endividamento conduzir a taxas de juro mais elevadas, criando uma maior procura de moeda e de fundos emprestáveis e, por conseguinte, um "preço" mais elevado, o sector privado, que é sensível às taxas de juro, reduzirá provavelmente o investimento devido a uma taxa de rendimento mais baixa. É este o investimento que é excluído. No entanto, este efeito de evicção é moderado pelo facto de as despesas públicas expandirem o mercado para os produtos do sector privado através do multiplicador e, assim, estimularem ou "atraírem" o investimento fixo. O efeito de crowding out é precário quando uma economia já está a atingir o produto potencial ou o pleno emprego. Nessa altura, a política orçamental expansionista do governo incentiva o aumento dos preços, o que leva a um aumento da procura de moeda. Esta, por sua vez, conduz a taxas de juro mais elevadas e afasta a despesa sensível aos juros.

CAPÍTULO 3. METODOLOGIA

3.1 Especificação do modelo

O principal método de análise utilizado é a análise de regressão. Os dados de séries cronológicas que cobrem um período de 34 anos foram estimados utilizando a técnica de análise de co-integração. Esta técnica foi escolhida por representar o crescimento económico a longo prazo. O teste de raiz unitária, o modelo dos mínimos quadrados ordinários, o modelo de correção de erros e o teste de causalidade de Granger foram utilizados na realização do teste.

O modelo abaixo é especificado para captar o efeito da dívida externa no crescimento económico da Nigéria;

$$RGDP = f(EXD, INT, EXR, GE, \mu) \ldots\ldots (1)$$

Onde;

PIBR = Produto Interno Bruto Real

EXD = Dívida externa

INT = Taxa de juro

EXR Taxa de câmbio

GE Despesas públicas

μ = Termo de erro

$$ln\text{RGDP} = a_{0+} \ ln \ a_1 \text{EXD} + \ + ln a_2 \text{INT} + \ + ln a_3 \text{EXR} + ln a_4 \text{GE} + \ + \mu$$

3.2 Expectativa a priori

No modelo acima, espera-se que a dívida externa, as despesas públicas totais tenham um impacto positivo no crescimento económico, enquanto a taxa de juro e a taxa de câmbio terão um impacto negativo no crescimento económico. Por conseguinte, os coeficientes;

a, a_4 ,

E, um_2 ,

3.3 Teste de raiz unitária/estacionária.

Na sequência da nossa discussão anterior, é habitual determinar primeiro se as variáveis são estacionárias ou não. Se forem, o melhor método a utilizar é o OLS. No entanto, a utilização do OLS quando as séries não são estacionárias produzirá um resultado de regressão espúrio. Isto foi feito pela primeira vez neste trabalho através de um gráfico da série.

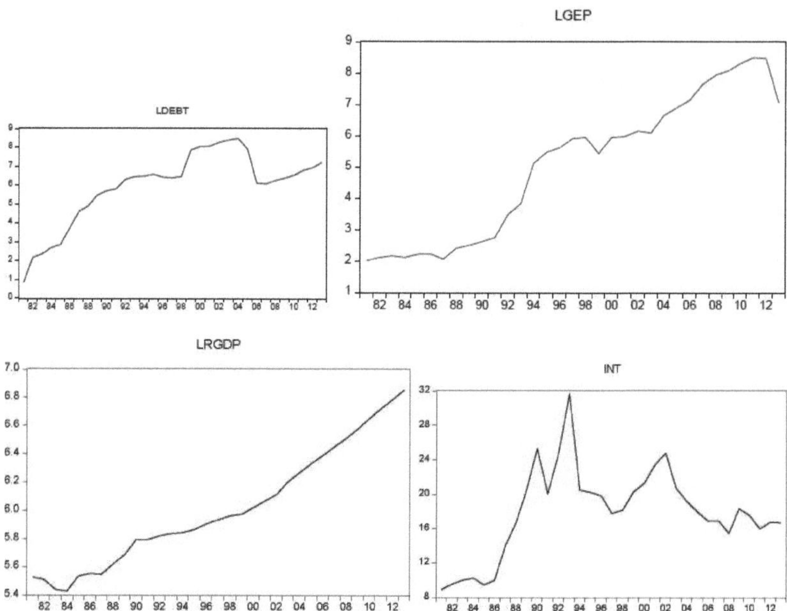

Figura 1: Gráfico da série ao nível

Fonte: Cálculo dos autores 2016

A partir do gráfico das séries, pode ver-se que todas elas apresentam uma tendência. Este facto é esperado para as variáveis de séries cronológicas. Isto significa que a sua covariância não é constante. Por conseguinte, não são estacionárias. No entanto, o gráfico da taxa de juro parece ser estacionário. No entanto, este facto não pode ser confirmado. O gráfico das séries na sua primeira diferença é apresentado a seguir

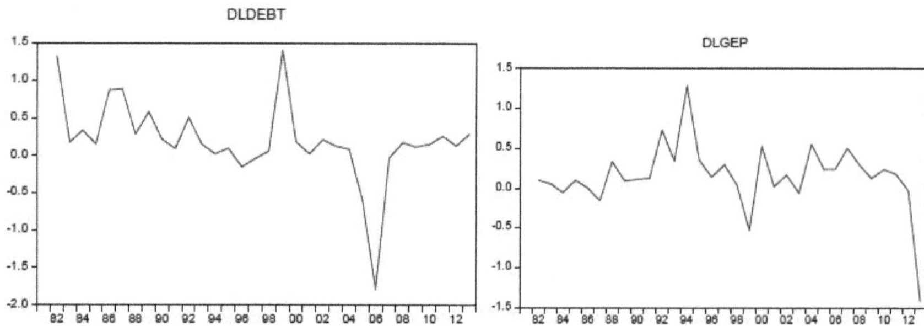

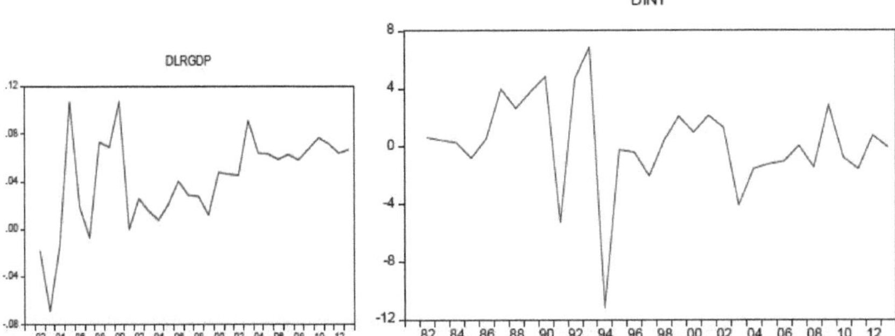

Figura 2: Gráfico da série na primeira diferença

Fonte: Cálculo dos autores 2016

O gráfico visual das séries em primeira diferença mostra que as séries parecem ser estacionárias. No entanto, parece que a DLRGDP e a DLGEP apresentam algumas tendências descendentes e ascendentes. Também mostra que a taxa de juro pode efetivamente apresentar estacionariedade em primeira diferença. Para verificar ainda mais a estacionariedade da série, é efectuada a análise de raiz unitária ADF.

Quadro 1 Teste ADF de raiz unitária

Variáveis	Ao nível				Na primeira diferença				Observações
	Interceção		Interceção e tendência		Interceção		Interceção e tendência		
	T-Stat	Prob.	T-Stat	Prob.	T-Stat	Prob.	T-Stat	Prob.	I(1)
LRGDP	- 2.806025	1.0000	-1.638591	0.7546	-3.813579	0.0069*	-4.452431	0.0067*	I(1)
LDEBT	-2.022911	0.2760	-1.593994	0.7722	-4.366087	0.0017*	-3.480716	0.0654***	I(1)
LGEP	-1.019512	0.7342	-1.151601	0.9036	-3.124810	0.0350**	-2.915028	0.0050*	I(1)
INT	-2.305879	0.1763	-2.040195	0.5580	-4.867925	0.0005*	-5.174431	0.0012*	I(1)

* indica significância a 1%, ** indica significância a 5%*** indica significância a 10%

Fonte: Cálculo dos autores 2016

O ADF foi testado sob o pressuposto de interceção e tendência. O resultado mostra que não são estacionárias ao nível de qualquer nível de significância. No entanto, eram estacionárias na sua primeira diferença. Especificamente, o LRGDP era estacionário ao nível de 1% de significância sob os dois pressupostos. O LDEBT era estacionário a 1% sob a hipótese de interceção, mas estacionário a 10% sob a hipótese de interceção e tendência. A LGEP era estacionária a 5% na hipótese de interceção e a 1% na hipótese de interceção e tendência. A INT era estacionária ao nível de 1% de significância sob os dois pressupostos. A implicação disto é que o método OLS não é apropriado para estimar a regressão porque produzirá um resultado espúrio. Assim, utilizámos a co-integração para testar se uma combinação das séries poderia ser estacionária. Este resultado é apresentado no quadro 2 abaixo.

3.4   Teste de co-integração

A técnica de co-integração utilizada neste estudo é o teste de co-integração de Johansen. O primeiro passo é escolher o comprimento correto do desfasamento. Este é apresentado no quadro 2 abaixo

Seleção do comprimento do retardador

Critérios de seleção da ordem do desfasamento VAR

Variáveis endógenas: LRGDP   LGEP   LDEBT   INT

Variáveis exógenas: C

Data: 05/10/16 Hora: 03:41

Amostra: 1981 2013

Observações incluídas: 31

Desfasamento	Log L	LR	FPE	AIC	SC	SEDE
0	-180.4543	NA	1.731281	11.90028	12.08531	11.96060
1	-39.58682	236.2939*	0.000555*	3.844311*	4.769464*	4.145888*
2	-29.98079	13.63436	0.000889	4.256825	5.922101	4.799663

* indica a ordem de desfasamento selecionada pelo critério

LR: estatística de teste LR modificada sequencial (cada teste ao nível de 5%)

FPE: Erro de previsão final

AIC: Critério de informação de Akaike

SC: Critério de informação de Schwarz

HQ: Critério de informação de Hannan-Quinn

Tanto o critério de informação de Akaike como o critério de informação de Schwarz indicam um comprimento de desfasamento ótimo de um. Este foi utilizado para especificar a equação de co-integração. O resultado é apresentado no quadro 3.

Quadro 3 Teste de co-integração de Johansen

N.º hipotético de EC(s)	Estatísticas de rastreio	Estatísticas de Max Engen	Valores críticos (5%)		Valores críticos (5%)	
			Traço	Valor de p	Max-Eigen	Valor P
r = 0*	66.77003	0.673917	63.87610	0.0280*	32.11832	0.0325*
r ≤ 1	33.15190	0.470180	42.91525	0.3289	25.82321	0.3015
r ≤ 2	14.09534	0.254698	25.87211	0.6497	19.38704	0.7429
r ≤ 3	5.276379	0.161281	12.51798	0.5572	12.51798	0.5572

*Nota: * indica que é significativo a um nível de significância de 5%*

Fonte: Cálculo dos autores 2016

O resultado do teste de co-integração mostra que tanto o teste Trace como o teste Max-Eigen revelam pelo menos uma equação de co-integração cada. Com base no teste Trace e no teste Max-Eigen, concluímos que existe uma relação de longo prazo entre as variáveis. Por conseguinte, estimamos o Modelo de Correção de Erros para a dinâmica de curto prazo do modelo.

3.5 Análise de Correção de Erros

Tendo estabelecido a co-integração entre as variáveis, é importante obter a dinâmica de curto prazo das variáveis.

A tabela 4 apresenta as estimativas de correção de erros do modelo

Variável	Coeficiente	Erro Std.	Estatística t	Prob.
D(LRGDP)	-0.357904	0.154756	2.312697	0.0293
D(INT)	-0.003915	0.002032	1.926260	0.0655
D(LGEP)	-0.024324	0.016807	-1.447265	0.1602
D(DÍVIDA)	-0.036443	0.014211	-2.564448	0.0167
ECM(-1)	-0.355267	0.127629	-2.783587	0.0101
C	0.037804	0.009934	3.805308	0.0008

R-quadrado	0.392401
Quadrado R ajustado	0.270881
Estatística de Durbin-Watson	1.951578
Estatística F	3.229106 (0.021960)

Fonte: Cálculo dos autores 2016

3.6 Discussão dos resultados

O resultado mostra que existe uma relação negativa entre crescimento económico e taxa de juro. Um aumento de 1% na taxa de juro conduzirá a uma diminuição de 0,4% no crescimento económico. Isto mostra que a relação entre o crescimento económico e a taxa de juro é inelástica. Por outras palavras, a resposta do crescimento económico à variação percentual da taxa de juro é mínima. Além disso, existe uma relação negativa entre o crescimento económico e as despesas públicas. Um aumento de 1% nas despesas públicas conduzirá a uma diminuição de 0,024% no crescimento económico. Além disso, a dívida externa tem um efeito negativo no crescimento económico. Um aumento de 1% no stock da dívida externa conduzirá a uma diminuição de 0,04% no crescimento económico. Apenas a taxa de juro e a dívida externa são estatisticamente significativas na explicação da variação do crescimento económico. A taxa de juro é significativa a 10%, enquanto a dívida externa é significativa a 5%. Além disso, as estatísticas de Durbin-Watson mostram que não existe correlação serial de primeira ordem. O R-quadrado é de 39%, o que é baixo. No entanto, a estatística F mostra um nível global de significância de 5%.

O coeficiente de correção de erro do modelo (-0,355267) e o valor de p de 0,0101 foram adequadamente assinados e estatisticamente significativos. Isto mostra que cerca de 35% dos desequilíbrios foram corrigidos periodicamente. Este facto revela uma elevada velocidade de convergência para a sua trajetória de equilíbrio a longo prazo.

3.7 Verificações de diagnóstico

A fiabilidade do resultado do MCE é ainda confirmada através de verificações de diagnóstico. Estas incluem o teste de heterocedasticidade ARCH, o teste de normalidade de Jarque-Bera e o teste de correlação em série, que foi testado utilizando o teste LM de correlação em série de Breusch-Godfrey. Os resultados são apresentados no quadro 5 e na figura 3

Tabela 5: Verificações de diagnóstico

Teste LM de correlação serial de Breusch-Godfrey	1.648492 (0.4386)
Teste de normalidade Jarque-Bera	0.331515 (0.847253)
Teste de heteroscedasticidade: Breusch-Pagan-Godfrey	0.325716 (0.5682)

Fonte: Cálculo dos autores 2016

As estatísticas de diagnóstico do modelo mostraram que o resíduo está livre do problema de heterocedasticidade dado o valor do qui-quadrado 0,325716 e o valor p de 0,5682. Da mesma forma, o teste LM de Breusch-Godfrey de correlação serial para autocorrelação indica uma ausência de correlação serial com estatísticas de qui-quadrado de 1,648492 e valor de p de 0,4386 a um nível de significância de 5 por cento.

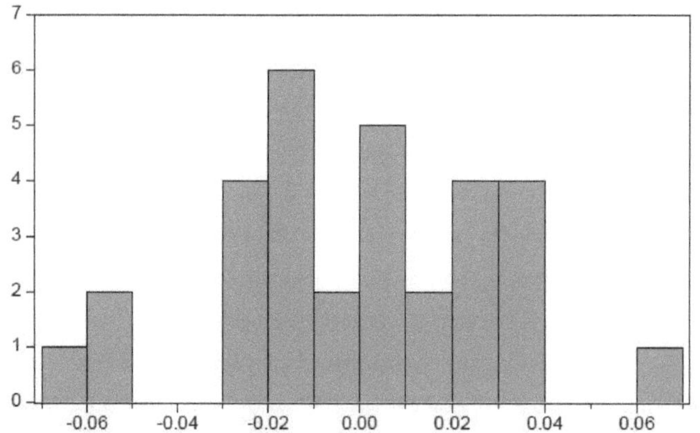

Figura 3 Diagnóstico para Jaque-Bera

Fonte: Cálculo dos autores 2016

Com um valor de p de 0,84725, na figura 3 acima, o nosso diagnóstico para as estatísticas de Jaque-bera também mostra uma distribuição normal.

CAPÍTULO 4. CONCLUSÕES E RECOMENDAÇÕES

Este livro examinou a relação entre a dívida externa e o crescimento económico na Nigéria de 1981 a 2013.

O resultado mostra que todas as séries eram estacionárias após a sua primeira diferença. O resultado da co-integração mostra uma relação de longo prazo entre as variáveis. O resultado mostra ainda que existe uma relação negativa entre a dívida externa e o crescimento económico. Além disso, verificou-se uma relação negativa entre a dívida externa e a taxa de juro na Nigéria. Além disso, existe uma relação negativa entre o crescimento económico e as despesas públicas. No entanto, apenas a taxa de juro e a dívida externa são estatisticamente significativas na explicação da variação do crescimento económico. A implicação das conclusões deste estudo é que a dívida externa afectou negativamente o crescimento económico do país. O mecanismo de transmissão deste facto é que a dívida externa reduziu o investimento interno. Isto, por sua vez, reduz o investimento. A outra implicação deste facto será um aumento do desemprego. Isto é especialmente grave se as dívidas não forem utilizadas para projectos de capital que poderiam trazer investimentos futuros. Outra implicação deste resultado é que a dívida externa reduzirá o poder de compra das pessoas através de um futuro aumento dos impostos para pagar o empréstimo. Isto afectará a procura agregada e aumentará ainda mais o desemprego. Dado o pesado ónus da dívida externa, a depreciação da taxa de câmbio e a tendência para o declínio dos preços mundiais do petróleo, a Nigéria enfrenta uma situação difícil em termos de balança de pagamentos e de crescimento. Por conseguinte, a Comissão formula as seguintes recomendações:

1. É necessária uma política que assegure a renegociação da dívida com os credores estrangeiros em conformidade com as realidades económicas prevalecentes.

2. Os empréstimos externos contraídos por organismos públicos devem ser adequadamente controlados pelo Gabinete de Gestão da Dívida (GGD) e todos os empréstimos externos contraídos devem ser comunicados a este organismo, de modo a manter um registo atualizado do volume da dívida.

3. O Governo deve incorporar a gestão da dívida, que constituirá uma parte integrante da nossa estratégia global de desenvolvimento, especialmente à luz dos problemas adversos da balança de pagamentos do país.

4. É aconselhável que o governo crie outras estratégias opcionais de geração de receitas, como as dotações naturais e culturais, para que possa desenvolver a economia, diversificando a base de receitas através do reforço das exportações não petrolíferas para reforçar as reservas externas.

REFERÊNCIAS

Abdelatif . S (2017) Dramatic report on foreign exchange from the Central Bank, 5 de agosto de 2016, disponível em www.parlmany.com/News/7/ لا‌أجن‌ب ‌د‌لاذ ‌ق‌د-ع‌ذ‌لا‌م‌ر‌ك‌ز‌د‌ل‌ل‌ب ‌ذ‌ / ت‌ق‌ر ‌ي‌ر-أ‌خ‌ط‌ر / 111119 (árabe), acedido em 8 de fevereiro de 2017.

Abdulkadir J & Ajayi T (1987).*Nigerian Debt Problem which way out:* Business Times Vol. 12. No. 28.Pg 34-56.

Adepoju, A.A & Salau, A.S & Obayelu, A.E (2007). "The Effects of External Debt Management on Sustainable Economic Growth and Development: Lessons from Nigeria". *Munich Personal RePEC Achieve (MPRA).* Paper No. 2147.

Adesola, W.A. (2009). "Debt Servicing and Economic Growth and Public Investment: The Case of Nigeria". *Journal of Social Sciences.* 8(2).

Ajayi S.O (1992). Nigeria's External Indebtedness, the Burden and Prospect for Growth, *in Applied Economics and Economics Policy, editado* por Oyende, T.A. e Obadan M.L. (Ibadan University Press).Pg 79- 81.

Ajayi, L.B & Oke, M.O. (2012) "Effect of external debt on economic growth and Development of Nigeria" (Efeito da dívida externa no crescimento económico e no desenvolvimento da Nigéria). Revista internacional de negócios e ciências sociais. Vol. 3, No 3, no.12 (edição especial - junho), pp 297-304.

Ajisafe, R. A. Nassar, M.L, Fatokun, O. Solie, O.I & Gidado, O.K (2006). Dívida externa e investimento privado estrangeiro na Nigéria: Um teste de causalidade. African Economic and Business Review, pp 48-63.

Ajayi, K (2000). "The Feasibility of Democracy in Africa". *Dakar: CODESRIA Books.*

Amr A (2017), Egypt's Oil Dependency and Political Discontent, Carnegie Middle East Center, 2 de agosto de 2016, disponível em http://carnegie-mec.org/2016/08/02/egypt-s-oil- dependency-and-political-discontent-pub-64224, acedido em 8 de fevereiro de 2017.

Anyanwu, J.C. (1997). *Nigerian Public Finance.* Onitsha Nigéria: JOANEE Educational Publishers Ltd.

Ayadi, F.S & Ayadi, F.O (2008). "O impacto da dívida externa no crescimento económico: Um estudo comparativo da Nigéria e da África do Sul". *Journal of Sustainable Development in Africa.* 10 (3).

Audu, I (2004). "O impacto da dívida externa no crescimento económico e no investimento público: The Case of Nigeria". *Instituto Africano de Desenvolvimento Económico e Planeamento (IDEP)*

Dakar Senegal. http://www.unidep.org.

CBN (2009). Relatório Anual e Demonstração de Contas, para o ano findo em 31 de dezembro. Pg 333-337.

CBN *(2009).Boletim Estatístico,* junho de 2009.Pg 228-300.

Chenery, H.B. & Strout, A. (1966). "Foreign Assistance and Economic Development". *American Economic Review.* Vol.56, 679-733.

Gabinete de Gestão da Dívida da Nigéria (DMO) (2012). *www.dmo.gov.ng*

Edosa, E. & Osaze (2003). *Finanças Públicas: Um Guia de Estudo.* Ethiope, Benin City: Publishing Corporation.

Ekperiware, M.C. & Oladeji, S.I. (2012). "Alívio da dívida externa e crescimento económico na Nigéria". *American Journal of Economics.* 2(7).

Ejigayehu, D.A. (2013). "O efeito da dívida externa no crescimento económico". *Jornal do Departamento de Economia da Universidade de Sodertorn.*

Ezeabasili, V. N; Isu, H.O. & Mojekwu, J.N. (2011) "Nigeria's External Debt and Economic Growth" An Error Correction Approach. Revista internacional de negócios e gestão. Vol 6, n.º 5, pp.156-170

Fosu, A.K (2007). "The External Debt Servicing Constraint and Public Expenditure Composition: Evidence from African Economies". *UNU-WIDER.* Documento de investigação n.º 2007/36.

Famitani, S.(1991).Management of Debt Crisis. Lagos: Long Man Press.

Fosu, R.(1990).Impact Of External Finance on the Economy of Nigeria. Londres: Zifen ltd.

Fosu, L.(1996).Contribuição do financiamento externo para a economia. Argentina: Revista de Negócios

Faradic K & Makame S, A. (2013). "Impacto da dívida externa no crescimento económico: Um estudo de caso da Tanzânia". *Avanços em Gestão e Economia Aplicada.* 3(4), 59-82.

Hameed, H, Muhammed A & Chaudhary C (2008). "External debt and its impact on Economic and Business Growth in Pakistan" International Research journal of finance and economics 20: 132-140.

Hunt, S.D. (2007). "Economic Growth: Should Policy Focus on Investment on Dynamic Competition?". *European Business Review.* 19(4), 279-291.

Ikem A.O. (2005). Nigerian External Debt Management, *um documento apresentado no 14º Seminário de Gestão Executiva do C.B.N.* realizado no Shiriro Hotel, Minna, 20-24. Pg 101-103.

FMI e Banco Mundial. (2015). Ghana: Pedido de um acordo trienal ao abrigo da Facilidade de Crédito

Alargada - Análise da sustentabilidade da dívida. 20/03/15.

http://www.imf.org/external/pubs/ft/dsa/pdf/2015/dsacr15103.pdf

Jayaraman, T.K. & Evan L. (2008) "does external debt lead to economic growth in pacific Island countries", journal of policy Modelling, 31: 272-288

Krugman, P.R (1988). "Financing Versus Forgiving a Debt Overhang". *Journal of Development Economics*. Vol 29, 253-268

Muhammad, U.D. & Fayyaz, A. (2015) "External Debts and Exchange Rates of oil producing and non-oil producing Nations: Evidence from Nigeria and Pakistan". Journal of Advanced Management Sciences. Vol. 3,no. 1, pp. 8-12.

Nwulu, A. O. (2008). *Orçamentação e Finanças Públicas*. (MPA 752). Lagos: Universidade Nacional Aberta da Nigéria.

Obadan, M.I (2004). "Foreign Capital Flows and External Debt: Perspectives on Nigeria and the LDCs Group". *Imprensa da Universidade de Ibadan*

Ogbeifun, M.I. (2007). "A Política de Alívio da Dívida Externa: Nigeria's Unique Experience". *Revista Africana de Estabilidade e Desenvolvimento*. 1(1).

Ogundipe, A., & Amaghionyeodiwe, L. (2013). *Transnational Trade In Ecowas: Does* Export *Content Matter?* (No. 51617). Biblioteca da Universidade de Munique, Alemanha.

Ogunjimi, S. O. (1997). *Finanças Públicas: Para estudantes do ICAN Politécnico*. Bida, Nigéria: Lekem Productions.

Ogunmuyiwa, M.S. (2011). "A dívida externa promove o crescimento económico?" *Current Research Journal of Economic Theory*. 3(1), 29-35

Ojo. M. O. (2008). *Central Bank of Nigeria Economic and Financial Review* Vol.7, No. 2, Pg 56- 59.

Okonjo-Iweala, N., Soludo, C. & Muhtar, M. (eds.) (2003). "The Debt Trap in Nigeria" (A armadilha da dívida na Nigéria). Trenton NJ: *Africa World Press Inc.*

Oloyede, B. (2002). "Principles of International Finance". Forthright Educational Publishers, Lagos

Omoruyi, S.E. (2005). "Indicadores da Carga da Dívida (Sustentabilidade)". *Documento de apresentação no Curso Regional sobre Registo da Dívida e Análise Estatística.*

Omotoye, O. Richard, Sharma, H.P, Ngassam, C. & Eseonu, M. (2006). A crise da dívida da África Subsariana: Analysis and Forecast Based on Nigeria's Managerial Finance". 32 (7), 606-620.

Oriakhi, D.E. (2004). *Introdução às Finanças Públicas* (Segunda edição). Benin-City, Nigéria:

Mindex Publishing.

Osinubi, T.S. & Olaleru, O.E. (2006). "Budget Deficits, External Debt and Economic Growth in Nigeria" [Défices orçamentais, dívida externa e crescimento económico na Nigéria]. *Applied Econometrics and International Development.* 6(3).

Perasso, S.(1992).Finance And Development. New York City: New York Long Man Publisher.

Patillo, L. R & H. Poirson (2004). "What are the Channels Through Which External Debt Affects Economic Growth?" *Documento de Trabalho do FMI.* No. W04/15

Soludo C.C. (003): *"Debt Poverty and Inequality"* in Okonjo-Iweala, Soludo and Mulitar (Eds), the Debt Trap in Nigeria, Africa World Press NJ.

Sulaiman, L.A. & Azeez, B.A. (2012). "Efeito da dívida externa no crescimento económico da Nigéria". *Jornal de Desenvolvimento Económico e Sustentável.* 3(8).

Sachs, J.D. (2002). "Resolving the Debt Crisis of Low Income Countries" [Resolvendo a crise da dívida dos países de baixo rendimento]. *Brooking Papers on Economic Activity.* 1 -28

Safdari, M. & Mehrizi, M.A. (2011). "Dívida externa e crescimento económico no Irão". *Journal of Economic and International Finance.* 3(5).

Sogo-Temi, J.S (1999). "Indebtedness and Nigeria's Development" in Saliu, H.A. (ed). *Issues in Contemporary Political Economy of Nigeria,* Ilorin: Sally and Associates.

Sanusi, J. (1988). Génese do problema da dívida da Nigéria e perspectivas de conversão da dívida económica. Ikorodu: Daco press.

Todaro, M.P (2003). "Economic Development, Eight Low Prize Edition, New Delhi: Pearson Education".

Estatísticas do Banco Mundial (WDI 2013 e 2014).

Were, M (2001). "The Impact of External Debt on Economic Growth in Kenya: An Empirical Assessment". *Instituto Mundial de Investigação Económica.* Documento nº 116.

Printed by Books on Demand GmbH, Norderstedt / Germany